受験のプロに教わる

ソムリエ試験対策問題集

ワイン地図問題付き
〈2022年度版〉

杉山明日香 著

Little More

はじめに

　私は2010年にワインスクールを開校して以来、主にソムリエ、ワインエキスパートの呼称資格認定試験の受験者むけにレッスンを行っています。また、これまで十数年間にわたり、大学進学予備校の東大クラスや医大進学クラスなどの生徒たちに数学を教え、模擬試験等の問題作成も行ってきました。

　本問題集は、2014年から刊行してきた参考書『受験のプロに教わる ソムリエ試験対策講座 ワイン地図帳付き』の姉妹書です。参考書と同様、これまで予備校とワインスクールの両方で培ってきた、「知識を身につけ、使いこなす」ためのノウハウを可能な限り詰め込んでいます。参考書と問題集を組み合わせて学ぶことで、よりわかりやすく、効率もあがりますので、ぜひお試しください。

　本問題集では、過去問の分析を徹底的に行い、試験対策に必須の情報はもちろん、今後の出題が予測されるポイントまで含めた、オリジナル問題を500題掲載しています。また、掲載されているすべての数値や情報は、『日本ソムリエ協会 教本 2022』に対応しています。教本は毎年大きく改稿、改編されています。古い情報に基づいた問題と解説で勉強するのはとても非効率で、受験対策として決して有効とはいえません。「今年の合格のためには、今年の試験対策を行うべき」という思いで、毎年執筆しています。なお、本書の問題はすべて、ソムリエ、ワインエキスパート両方を対象とした共通問題です。

　別冊の「解説篇」では、正解以外の選択肢でも、重要なポイントには解説を加えました。答え合わせに使うだけでなく、"読む"のも試験に有効です。重要な言葉は赤字にしているので、赤シートでかくして勉強することができます。

　本書が試験合格の一助となれば、これ以上のよろこびはありません。みなさまのチャレンジを、心より応援しております。

2022年春　杉山明日香

本書の使い方＋学習のポイント

- 本書内の地名および各種名称は、基本的に欧文表記にしています。実際の試験では、カタカナ表記のこともありますが、欧文でも読めるようにしておきましょう。なお、それぞれのカタカナ表記は、姉妹書『受験のプロに教わる ソムリエ試験対策講座 ワイン地図帳付き〈2022年度版〉』(以下"参考書")に記載していますので、併用のうえご確認されることをおすすめします。
- 「解説篇」にある「 P○○、Map P○○」のP○○は、参考書のページ数、Map P○○は、同書の別冊・地図帳のページ数です。

〈目 次〉

はじめに＋本書の使い方 2

1 ワイン概論 4
2 フランス概論 7
3 Champagne 9
4 Bordeaux 11
5 Bourgogne 13
6 Val de Loire 15
7 Vallée du Rhône 17
8 Alsace-Lorraine 18
9 Jura-Savoie 19
10 Sud-Ouest 20
11 Provence-Corse 21
12 Languedoc-Roussillon 22
13 V.D.N., V.D.L. and Vin de Primeur 23
14 Italy 24
15 Spain 28
16 Portugal 30
17 Germany 33
18 Austria 35
19 Hungary 36
20 Switzerland 37
21 Luxembourg 39
22 Slovenia 40
23 Croatia 41

24 Romania 42
25 Bulgaria 43
26 Greece 44
27 Moldova 45
28 Georgia 46
29 United Kingdom 47
30 United States of America 47
31 Canada 51
32 Argentina 52
33 Chile 54
34 Uruguay 57
35 Australia 58
36 New Zealand 61
37 South Africa 63
38 Japan 64
39 テイスティング 67
40 ワインと料理 69
41 チーズ 71
42 ワインの購入・保管・熟成・販売 72
43 ソムリエの職責とサービス実技 74
44 日本酒・焼酎 76
45 酒類飲料概論 78
46 地図 (図) 問題 82

I ワイン概論

Q001
酒類に関する研究において、アルコール醗酵の化学式を示した人物を選んでください。

1　Joseph Louis Gay-Lussac　　　2　Jean-Antoine Chaptal
3　Émile Peynaud　　　　　　　　4　Louis Pasteur

Q002
ワインに含まれる主な有機酸の中から、リンゴ酸とともに最も含有量の多いものを1つ選んでください。

1　コハク酸　　2　クエン酸　　3　酒石酸　　4　酢酸

Q003
フレーヴァードワインの中から、ギリシャで造られているものを1つ選んでください。

1　Lillet　　　2　Sangria　　　3　Vermut　　　4　Retsina

Q004
O.I.V.(国際ブドウ・ブドウ酒機構)資料で、世界のワイン生産量(2018年)を1つ選んでください。

1　約745万hL　　　　　　　　　　2　約7,780万hL
3　約2.46億hL　　　　　　　　　　4　約2.92億hL

Q005
O.I.V.(国際ブドウ・ブドウ酒機構)資料で、ワイン生産量(2018年)の多い国から順に並べたものを1つ選んでください。

1　アメリカ→中国→チリ→アルゼンチン
2　オーストラリア→アメリカ→ドイツ→南アフリカ
3　スペイン→オーストラリア→ドイツ→中国
4　アメリカ→オーストラリア→アルゼンチン→南アフリカ

Q006
EUワイン法において、ラベル表示義務記載事項ではないものを1つ選んでください。

1　製品のカテゴリー　　　　　　　2　瓶詰め業者名
3　原料のブドウ品種　　　　　　　4　ボトルの容量

| 解答 | Q001 | 1 | Q002 | 3 | Q003 | 4 | Q004 | 4 | Q005 | 3 | Q006 | 3 |

Q007 ブドウの属種で欧・中東系種を表す語句を1つ選んでください。

1 Vitis Vinifera
2 Vitis Labrusca
3 Vitis Coignetiae
4 Vitis Amurensis

Q008 ブドウの実において、最も酸が強い部分を1つ選んでください。

1 種子の間　　2 果皮の内側　3 果皮　　　　4 種子

Q009 ブドウの栽培において、"Taille"の意味を1つ選んでください。

1 剪定　　　2 萌芽　　　3 結実　　　4 成熟

Q010 ブドウの生育サイクルの順序として正しいものを1つ選んでください。

1 フイエゾン→フロレゾン→デブールマン→マチュリテ
2 デブールマン→ヌエゾン→マチュリテ→ヴェレゾン
3 フイエゾン→デブールマン→フロレゾン→マチュリテ
4 デブールマン→フロレゾン→ヌエゾン→ヴェレゾン

Q011 手摘み収穫の長所として誤っているものを1つ選んでください。

1 果実の傷つき（酸化）を防ぐことができる
2 選果することができる
3 作業時間が短い
4 機械収穫できない場所でも摘める

Q012 ワイン用ブドウ栽培に関する条件として誤っているものを1つ選んでください。

1 年間降水量は300〜500mmが望ましい
2 生育期間に必要な日照時間は1,000〜1,500時間
3 土壌は水はけが良く、南向きの斜面が望ましい（北半球の場合）
4 年間平均気温は10〜16℃が最適である

Q013 次のブドウの生理障害・病害の適切な対処策を1つ選んでください。「1878年にヨーロッパで発見。白いカビ状の胞子により、落葉、落花、落果する。」

1 ボルドー液の散布
2 イプロジオン水和剤の散布
3 ベンレート剤の散布
4 硫黄を含む農薬の散布

解答	Q007	1	Q008	1	Q009	1	Q010	4	Q011	3	Q012	1	Q013	1

Q 014 次の記述に該当するブドウ樹の仕立て方を1つ選んでください。
「南フランス、スペイン、ポルトガルなど、新梢が伸びすぎない乾燥地で使われている。」

1 ペルゴラ　　　2 ギヨ・サンプル　　　3 棒仕立　　　4 ゴブレ

Q 015 次の記述について正しい場合は1を、誤っている場合は2を選んでください。
「ワイン用の酵母は低い糖濃度と高いpHに耐性をもつことが必要であり、サッカロマイセス・セレヴィシエに分類される。」

1 正　　　　　　2 誤

Q 016 赤ワインの醸造において、"醸しの間にPigeageと同じ目的で行われる作業" を1つ選んでください。

1 Ouillage　　　　　　　　2 Foulage
3 Remontage　　　　　　　4 Égrappage

Q 017 マロラクティック醗酵の効果として誤っているものを1つ選んでください。

1 乳酸がリンゴ酸に変化する
2 ダイアセチルなどの香りにより複雑性が増す
3 ワインの酸味がやわらげられ、まろやかになる
4 瓶詰め後のワインの微生物学的安定性が向上する

Q 018 白ワインの醸造において、"Pressurage後、果汁を低温で数時間ほどおいて不純物を沈殿させる作業" を1つ選んでください。

1 Bâtonnage　　2 Soutirage　　3 Débourbage　　4 Collage

Q 019 イタリアのFriuli-Venezia Giulia州で、伝統的にPinot Grigioから造られるオレンジワインの名称を1つ選んでください。

1 Rotling　　2 Ribolla Gialla　3 Rkatsiteli　　4 Vino Ramato

| 解答 | Q014 | 4 | Q015 | 2 | Q016 | 3 | Q017 | 1 | Q018 | 3 | Q019 | 4 |

Q020 主に赤ワインで行われる、"除梗の工程を行わずに、果梗を果皮・種子とともに漬け込んで醗酵する醸造法"を1つ選んでください。

1 Micro-oxygénation   2 Cryo-extraction
3 Skin Contact   4 Vendange Entière

2 フランス概論

Q021 フランスの地方にブドウ栽培が伝播した順序として正しいものを1つ選んでください。

1 Rhône→Provence→Bordeaux→Champagne
2 Provence→Rhône→Champagne→Bordeaux
3 Provence→Rhône→Bourgogne→Champagne
4 Rhône→Champagne→Bourgogne→Provence

Q022 次の記述について正しい場合は1を、誤っている場合は2を選んでください。
「フランスではBC3C頃に、古代ギリシャの一民族であるフォカイア人によって、現在のMarseilleにブドウ栽培がもらたされた。」

1 正   2 誤

Q023 フランスワインの歴史で、産業革命による経済発展に伴い、ワイン生産が再び隆盛した時期を1つ選んでください。

1 16C   2 17C   3 18C   4 19C

Q024 Médoc地区とSauternes地区でワインの格付けが制定された年を1つ選んでください。

1 1789年   2 1855年   3 1935年   4 1953年

解答	Q020	4	Q021	3	Q022	2	Q023	4	Q024	2

Q025 19C後半にフランスのワイン産地を襲ったブドウの病害ではないものを1つ選んでください。

1 Ripe Rot   2 Oïdium   3 Phylloxéra   4 Mildiou

Q026 大陸性／半大陸性気候のワイン産地を1つ選んでください。

1 Champagne	2 Languedoc-Roussillon
3 Bordeaux	4 Loire河下流

Q027 次の記述のカッコ内に該当する語句を1つ選んでください。
「フランスのワイン用ブドウは、数千種あるといわれるVitis（　　　）種に属している。」

1 Amurensis   2 Vinifera   3 Labrusca   4 Coignetiae

Q028 Blanc Fuméのシノニムを1つ選んでください。

1 Sauvignon Blanc	2 Ugni Blanc
3 Chardonnay	4 Chenin

Q029 フランスの全ブドウ中、栽培面積が第3位（2019/20年統計）の品種を1つ選んでください。

1 Chardonnay	2 Syrah
3 Grenache	4 Ugni Blanc

Q030 次の記述について正しい場合は1を、誤っている場合は2を選んでください。
「ヴィンテージ2009からのフランスの新ワイン法において、"Vin de France"のラベルに品種と収穫年が表示可能となった。」

1 正   2 誤

解答	Q025	1	Q026	1	Q027	2	Q028	1	Q029	3	Q030	1

3 Champagne

Q031 Champagneに関する記述の中から正しいものを1つ選んでください。

1 一般的にChampagneは、白ブドウが2/3、黒ブドウが1/3の割合で
造られる
2 Meunierは、Champagneにボディと骨格をもたらす黒ブドウである
3 A.C.Rosé des Riceysは、ロゼのスティルワインのみ生産が認められ、
使用できるブドウ品種はPinot Noirのみである
4 A.C.Coteaux Champenoisは、ロゼ・白の発泡性ワインのみ生産が認
められている

Q032 Vallée de la Marne地区で主に栽培されているブドウ品種を1つ選んで
ください。

1 Meunier   2 Chardonnay
3 Pinot Blanc   4 Pinot Noir

Q033 Montagne de Reims地区にあるGrand Cruの数を1つ選んでください。

1 6   2 7   3 8   4 9

Q034 Côte des Blancs地区のGrand Cruでないものを1つ選んでください。

1 Oiry   2 Ambonnay   3 Chouilly   4 Avize

Q035 Champagneの醸造において、"澱抜き"を意味するフランス語を1つ選
んでください。

1 Tirage   2 Remuage   3 Assemblage   4 Dégorgement

Q036 Champagne Millésiméの熟成規定で最低瓶内熟成期間を1つ選んでく
ださい。

1 Tirage後15ヶ月間   2 Tirage後18ヶ月間
3 Tirage後3年間   4 Tirage後5年間

| 解答 | Q031 | 3 | Q032 | 1 | Q033 | 4 | Q034 | 2 | Q035 | 4 | Q036 | 3 |

Q037 Champagneの甘辛度の表示規定の中から正しいものを1つ選んでください。

1 Brutの1L当たりの残糖量は3g未満である
2 Secの1L当たりの残糖量は17〜32gの間である
3 Extra Dryの1L当たりの残糖量は0〜6gの間である
4 Demi-Secの1L当たりの残糖量は50g以上である

Q038 Champagneに関する記述の中から正しいものを1つ選んでください。

1 Champagneの醸造において、圧搾の際ブドウ4,000Kgに対して得られる最大の搾汁量は2,050Lである
2 ワインの瓶詰めの際に、酵母と1L当たり48gの蔗糖を加える
3 Champagneのアルコール度数は13度以下と規定されている
4 Blanc de Noirsとは原料ブドウにPinot Noirのみを使ったものである

Q039 "協同組合にブドウを持ち込み醸造を委託し、自社銘柄として販売するChampagneの栽培農家"を意味するラベル表示の略称を1つ選んでください。

1 N.M.　　　2 R.M.　　　3 C.M.　　　4 R.C.

Q040 スパークリングワインの製法で、"一次醗酵途中のワインを瓶に詰め、密閉して、残りの醗酵を瓶内で行う方式"を1つ選んでください。

1 Méthode Rurale　　　　2 Méthode Charmat
3 Méthode de Transfert　　4 Méthode Traditionnelle

解答	Q037	2	Q038	3	Q039	4	Q040	1

4 Bordeaux

Q041 Bordeauxワインの生産量のうち赤ワインが占める割合（2020年）を1つ選んでください。

1　64.3%　　　2　74.3%　　　3　84.3%　　　4　94.3%

Q042 17Cに入り交易が発展し、Médoc地区の干拓等、Bordeauxの繁栄に影響を与えた国を1つ選んでください。

1　オランダ　　　　　　　　2　スペイン
3　ポルトガル　　　　　　　4　イタリア

Q043 Médoc地区の土壌を1つ選んでください。

1　粘土質　　　2　砂礫質　　　3　花崗岩質　　　4　石灰質

Q044 Médoc地区において、村名A.O.C.が存在しないCommuneを1つ選んでください。

1　Saint-Estèphe　　　　　2　Ludon
3　Saint-Julien　　　　　　4　Pauillac

Q045 Médoc地区の村名A.O.C.のあるCommuneの中で、最もGironde河上流に位置するものを1つ選んでください。

1　Saint-Estèphe　　　　　2　Listrac-Médoc
3　Moulis　　　　　　　　　4　Margaux

Q046 Dordogne河とGaronne河の間に位置し、甘口の白ワインのみ生産が認められているA.O.C.を1つ選んでください。

1　Cérons　　　　　　　　　2　Entre-Deux-Mers
3　Sainte-Croix-du-Mont　　4　Sainte-Foy Côtes de Bordeaux

Q047 赤ワインを生産可能なA.O.C.で、Côtes de Bordeauxに付記することができる地区名として誤っているものを1つ選んでください。

1　Castillon　　　2　Fronsac　　　3　Cadillac　　　4　Blaye

解答	Q041	3	Q042	1	Q043	2	Q044	2	Q045	4	Q046	3	Q047	2

Q048 Médocの格付け4級で、Saint-Estèphe村のシャトーを1つ選んでください。

1 Château Cos-Labory
2 Château Lafon-Rochet
3 Château Calon-Ségur
4 Château Montrose

Q049 A.O.C.がHaut-Médocとラベルに表示されるシャトーを1つ選んでください。

1 Château Lynch-Bages
2 Château Dauzac
3 Château Belgrave
4 Château Batailley

Q050 Médocの格付け3級で、Margaux村のシャトーを1つ選んでください。

1 Château Marquis de Terme
2 Château Durfort-Vivens
3 Château Rauzan-Ségla
4 Château Ferrière

Q051 Sauternes-Barsacの格付けが制定された年を1つ選んでください。

1 1855年
2 1953年
3 1955年
4 1959年

Q052 Sauternes-Barsacの格付け1級で、Sauternes村のシャトーを1つ選んでください。

1 Château Climens
2 Château Coutet
3 Château Guiraud
4 Château Rieussec

Q053 Gravesの格付けで、白ワインのみ認定されているシャトーを1つ選んでください。

1 Château Smith Haut Lafitte
2 Château Bouscaut
3 Château Laville Haut-Brion
4 Château Latour Martillac

Q054 Saint-Émilionの格付けで、2012年にPremiers Grands Crus Classés Aに昇格したシャトーを1つ選んでください。

1 Château Ausone
2 Château Angélus
3 Château Cheval Blanc
4 Château Pavie Macquin

| 解答 | Q048 | 2 | Q049 | 3 | Q050 | 4 | Q051 | 1 | Q052 | 3 | Q053 | 3 | Q054 | 2 |

Q055　Merlotの比率が最も高い銘柄を1つ選んでください。

1　Château Desmirail	2　Château Kirwan
3　Château Palmer	4　Château Pétrus

5　Bourgogne

Q056　Grand Auxerrois地区が位置する県を1つ選んでください。

1　Côte-d'Or	2　Rhône
3　Yonne	4　Saône-et-Loire

Q057　Chablis Grand Cruの中から面積が最小のクリマを1つ選んでください。

1　Grenouilles	2　Bougros	3　Blanchot	4　Les Clos

Q058　Grand Cruが6つ存在する村を1つ選んでください。

1　Morey-Saint-Denis	2　Gevrey-Chambertin
3　Vosne-Romanée	4　Puligny-Montrachet

Q059　Morey-Saint-Denis村とChambolle-Musigny村の両方にまたがるGrand Cruを1つ選んでください。

1　Clos des Lambrays	2　Bonnes-Mares
3　Clos de Tart	4　Musigny

Q060　Côte de Nuits Grand Cruの中から面積が最大のA.O.C.を1つ選んでください。

1　La Romanée	2　Échézeaux
3　Clos de Vougeot	4　La Grande Rue

Q061　赤・白ワインの生産が認められているA.O.C.を1つ選んでください。

1　Blagny	2　Pommard
3　Volnay	4　Meursault

解答	Q055	4	Q056	3	Q057	1	Q058	3	Q059	2	Q060	3	Q061	4

Q062 Grand Cruが存在しない村を1つ選んでください。

1 Flagey-Échézeaux 2 Aloxe-Corton
3 Pernand-Vergelesses 4 Auxey-Duresses

Q063 Puligny-Montrachet村のGrand Cruでないものを1つ選んでください。

1 Montrachet 2 Bâtard-Montrachet
3 Chevalier-Montrachet 4 Criots-Bâtard-Montrachet

Q064 赤・白ワインの生産が認められているCôte Chalonnaise地区のA.O.C.を1つ選んでください。

1 Morgon 2 Mercurey 3 Montagny 4 Bouzeron

Q065 Premier Cruが存在する村を1つ選んでください。

1 Pouilly-Loché 2 Pouilly-Fuissé
3 Viré-Clessé 4 Pouilly-Vinzelles

Q066 Cru du Beaujolaisの中で栽培面積最小のA.O.C.を1つ選んでください。

1 Saint-Amour 2 Chénas
3 Brouilly 4 Régnié

Q067 A.C.Bourgogne Passe-Tout-Grainsの生産可能色を1つ選んでください。

1 赤・ロゼ 2 赤・白 3 ロゼ・白 4 赤・ロゼ・白

Q068 Bourgogne地方のA.O.C.に関する記述の中から誤っているものを1つ選んでください。

1 Saint-BrisはChenin (Blanc) 主体の白ワインのみ生産が認められているA.O.C.である
2 Meursault村にはGrand Cruは存在しない
3 GivryはCôte Chalonnaise地区に位置する、赤・白ワインの生産が認められているA.O.C.である
4 Mâconnais地区の生産量の80%がChardonnayから造られる白ワインである

| 解答 | Q062 | 4 | Q063 | 4 | Q064 | 2 | Q065 | 2 | Q066 | 2 | Q067 | 1 | Q068 | 1 |

Q069 赤・白ワインのみ生産が認められているA.O.C.を1つ選んでください。

1 Côte de Beaune-Villages   2 Mâcon Villages

3 Côte de Nuits-Villages   4 Beaujolais Villages

Q070 Premier Cru "Champeaux" の位置する村を1つ選んでください。

1 Vosne-Romanée   2 Chambolle-Musigny

3 Morey-Saint-Denis   4 Gevrey-Chambertin

6 Val de Loire

Q071 Loire地方に関する記述について正しい場合は1を、誤っている場合は2を選んでください。
「広大なワイン産地は6地区に分けられ、地区ごとに気候も土壌も違うので、品種やワインのタイプも異なる。」

1 正   2 誤

Q072 Loire地方のA.O.C.が西から東の順に正しく並んでいるものを1つ選んでください。

1 Saumur→Muscadet→Chinon→Quincy

2 Muscadet→Saumur→Bourgueil→Reuilly

3 Muscadet→Bourgueil→Savennières→Sancerre

4 Saumur→Muscadet→Vouvray→Quincy

Q073 Cabernet Francのシノニムを1つ選んでください。

1 Pineau de la Loire   2 Blanc Fumé

3 Melon de Bourgogne   4 Breton

Q074 Anjou-Saumur地区以外に位置するA.O.C.を1つ選んでください。

1 Menetou-Salon   2 Bonnezeaux

3 Quarts de Chaume   4 Coteaux de l'Aubance

解答	Q069	3	Q070	4	Q071	2	Q072	2	Q073	4	Q074	1

Q 075 海洋性から大陸性へ気候の変わる中間地点に位置し、"トゥファ"を母岩とする土壌が特徴の地区を1つ選んでください。

1 Pays Nantais
2 Massif Central
3 Touraine
4 Centre Nivernais

Q 076 貴腐または過熟ブドウによる甘口の白ワインのみ生産が認められているA.O.C.を1つ選んでください。

1 Montlouis-sur-Loire
2 Vouvray
3 Coteaux du Layon
4 Coulée de Serrant

Q 077 白ワインの生産において、主要品種がChenin (Blanc) 以外の白ブドウであるA.O.C.を1つ選んでください。

1 Chinon
2 Jasnières
3 Coteaux de Saumur
4 Cour-Cheverny

Q 078 A.C.Touraine Oislyの主要ブドウ品種を1つ選んでください。

1 Chardonnay
2 Chenin (Blanc)
3 Sauvignon (Blanc)
4 Chasselas

Q 079 生産可能色が赤・ロゼ・白の3色ではないA.O.C.を1つ選んでください。

1 Valençay
2 Saint-Pourçain
3 Reuilly
4 Orléans-Cléry

Q 080 Loire地方のA.O.C.に関する記述の中から誤っているものを1つ選んでください。

1 A.C.Rosé d'Anjouは半甘口のロゼワインのみ生産可能で、主要品種はGrolleauである
2 A.C.Touraine Noble Jouéは辛口のロゼワインのみ生産可能で、必ずMeunier、Pinot Noir、Pinot Grisの3品種をブレンドしなければならない
3 A.C.Sancerreは白ワインが有名だが、赤・ロゼワインも生産されている
4 A.C.Pouilly-sur-LoireはChasselasが主体であるがSauvignon (Blanc)をブレンドできる

| 解答 | Q075 | 3 | Q076 | 3 | Q077 | 4 | Q078 | 3 | Q079 | 4 | Q080 | 4 |

7 Vallée du Rhône

Q081
Rhône地方に関する記述について正しい場合は1を、誤っている場合は2を選んでください。
「北部は半大陸性気候で、Rhône河の右岸と左岸で土壌が異なる。南部は地中海性気候で、粘土石灰質、泥灰土、玉石など多様な土壌である。」

1 正　　　　　2 誤

Q082
Rhône地方の主要品種の中から黒ブドウを1つ選んでください。

1 Viognier　　2 Cinsault　　3 Clairette　　4 Bourboulenc

Q083
Rhône地方において、面積最小のA.O.C.を1つ選んでください。

1 Château-Grillet　　　　2 Saint-Joseph
3 Crozes-Hermitage　　　4 Côte-Rôtie

Q084
複数品種の混醸が認められているA.O.C.を1つ選んでください。

1 Condrieu　　2 Hermitage　　3 Cornas　　4 Coteaux de Die

Q085
Rhône地方南部に属し、Rhône河右岸に位置するA.O.C.を1つ選んでください。

1 Châteauneuf-du-Pape　　2 Château-Grillet
3 Tavel　　　　　　　　　4 Rasteau

Q086
スパークリングワインが生産されているA.O.C.を1つ選んでください。

1 Beaumes-de-Venise　　2 Clairette de Bellegarde
3 Saint-Péray　　　　　　4 Ventoux

解答	Q081	1	Q082	2	Q083	1	Q084	2	Q085	3	Q086	3

Q087 生産可能色が他の3つと異なるA.O.C.を1つ選んでください。

1 Châtillon-en-Diois 2 Costières de Nîmes
3 Lirac 4 Gigondas

Q088 1936年に最初のA.O.C.認定を受けた銘柄を1つ選んでください。

1 Condrieu 2 Tavel
3 Cornas 4 Hermitage

Q089 2016年認定の最新のA.O.C.を1つ選んでください。

1 Côtes du Vivarais 2 Duché d'Uzès
3 Cairanne 4 Grignan-les-Adhémar

Q090 A.C.Châteauneuf-du-Papeに使用が認められていないブドウ品種を1つ選んでください。

1 Clairette 2 Piquepoul 3 Syrah 4 Marsanne

---

8 Alsace-Lorraine

Q091 Alsace地方に関する記述について正しい場合は1を、誤っている場合は2を選んでください。
「Alsace地方は大陸性気候で、土壌はモザイクといわれるほど多様である。また、年間生産量の90%を白ワインが占めるワイン産地である。」

1 正 2 誤

Q092 A.C.Alsace Grand Cruに使用が認められていないブドウ品種を1つ選んでください。

1 Riesling 2 Pinot Blanc
3 Gewürztraminer 4 Pinot Gris

| 解答 | Q087 | 4 | Q088 | 2 | Q089 | 3 | Q090 | 4 | Q091 | 1 | Q092 | 2 |

Q093 A.C.Alsace Grand Cruにおいて、複数品種の混醸が認められているリュー・ディを1つ選んでください。

1 Zotzenberg
2 Frankstein
3 Kessler
4 Altenberg de Bergheim

Q094 Alsace地方において、"Sélection de Grains Nobles"とラベルに付記できる果汁糖分最低含有量を1つ選んでください。

1 Gewürztraminer・Pinot Grisは207g/L、Riesling・Muscatは204g/L
2 Gewürztraminer・Pinot Grisは270g/L、Riesling・Muscatは244g/L
3 Gewürztraminer・Pinot Grisは306g/L、Riesling・Muscatは276g/L
4 Gewürztraminer・Pinot Grisは360g/L、Riesling・Muscatは296g/L

Q095 Lorraine地方のA.O.C.を1つ選んでください。

1 Châteaumeillant
2 Duché d'Uzès
3 Moselle
4 Menetou-Salon

---

9 Jura-Savoie

Q096 使用許可品種が "Savagnin" のみであるA.O.C.を1つ選んでください。

1 Arbois Pupillin
2 L'Étoile
3 Château-Chalon
4 Macvin du Jura

Q097 Jura地方に関する記述について正しい場合は1を、誤っている場合は2を選んでください。
「Jura地方特有のワインであるVin Jauneは、熟成の過程においてワインの表面に産膜酵母による皮膜が形成される。またNaturéと呼ばれる芳香成分により、アーモンドやヘーゼルナッツなど複雑なフレーヴァーが生じる。」

1 正
2 誤

| 解答 | Q093 | 4 | Q094 | 3 | Q095 | 3 | Q096 | 3 | Q097 | 2 |

Q098 Jura地方で生産されるワインに関する記述の中から正しいものを1つ選んでください。

1 Vin Jauneは7年以上の樽熟成が義務で、その間補酒、澱引きは禁止である

2 Vin de Pailleは収穫から少なくとも3年目の11月15日まで熟成義務があり、うち18ヶ月以上は樽で熟成させなければならない

3 Vin de PailleはClavelinと呼ばれる620mLの容器に入れる

4 Crémant du Juraは瓶内二次醗酵で造られる、白のみ生産が認められているスパークリングワインで、澱とともに12ヶ月以上の熟成が必要である

Q099 Vin de Pailleの製造工程で、"ブドウを藁の上または風通しの良いところに置いて干しブドウ化させること"を意味する作業名を1つ選んでください。

1 Passerillage 　　　　2 Ouillage
3 Soutirage 　　　　4 Pressurage

Q100 Savoie地方を代表する黒ブドウ品種を1つ選んでください。

1 Mondeuse 　　2 Gros Noirien 　　3 Tibouren 　　4 Jacquère

---

10 Sud-Ouest

Q101 A.C.Frontonを生産している地区を1つ選んでください。

1 Dordogne/Bergerac 　　　　2 Gascogne/Pays Basque
3 Garonne 　　　　4 Tarn

Q102 A.C.Marcillacの主要品種を1つ選んでください。

1 Tannat 　　2 Négrette 　　3 Fer Servadou 　　4 Auxerrois

解答	Q098	2	Q099	1	Q100	1	Q101	3	Q102	3

Q 103 Lot地区に位置し、赤ワインのみ生産が認められているA.O.C.を1つ選んでください。

1　Cahors　　　2　Gaillac　　　3　Irouléguy　　　4　Madiran

Q 104 赤・ロゼ・白ワインの生産が認められているA.O.C.を1つ選んでください。

1　Pécharmant　2　Tursan　3　Jurançon　4　Pacherenc du Vic Bilh

Q 105 次の記述について正しい場合は1を、誤っている場合は2を選んでください。
「Saussignacは甘口の白ワインのみ、Monbazillacは辛口の白ワインのみ生産が認められているA.O.C.である。」

1　正　　　　　　2　誤

11　Provence-Corse

Q 106 次の記述のカッコ内に該当する数値の組み合わせとして正しいものを1つ選んでください。
「Provence地方はフランス最大のロゼワインの産地で、生産量は、フランスA.O.C.ロゼワインの（　a　）%、世界で消費されるロゼワインの（　b　）%を占めている。」

1　(a) 32　(b) 5　　　　　　　2　(a) 32　(b) 15
3　(a) 42　(b) 5　　　　　　　4　(a) 42　(b) 15

Q 107 白ワインの生産比率が67%を占めるA.O.C.を1つ選んでください。

1　Cassis　　　2　Bellet　　　3　Palette　　　4　Pierrevert

Q 108 A.C.Bandol Rougeの木樽での最低熟成期間を1つ選んでください。

1　12ヶ月　　　2　14ヶ月　　　3　18ヶ月　　　4　20ヶ月

解答	Q103	1	Q104	2	Q105	2	Q106	3	Q107	1	Q108	3

Q 109 次の記述のカッコ内に該当する語句を1つ選んでください。
「Sciacarelloが多く栽培されているAjaccioは、(　　　)の生誕地としても有名である。」

1　ジャンヌ・ダルク
2　ルイ・パストゥール
3　ジョセフ・ルイ・ゲイリュサック
4　ナポレオン・ボナパルト

Q 110 A.C.Patrimonio Rougeの主要品種を1つ選んでください。

1　Sciacarello　2　Barbarossa　3　Nielluccio　4　Mourvèdre

12　Languedoc-Roussillon

Q 111 Languedoc-Roussillon地方に関する記述について正しい場合は1を、誤っている場合は2を選んでください。
「全ワイン生産量においてフランス最大の産地で、A.O.C.ワインの生産量がこの地方全体の70%以上を占めている。また、恵まれた天候により、有機栽培によるブドウ畑が多い。」

1　正
2　誤

Q 112 Languedoc-Roussillon地方に関する記述の中から正しいものを1つ選んでください。

1　Languedoc-Roussillon地方は海洋性気候である
2　"ミストラル"と呼ばれる冷たい風により、ブドウ畑は暑さから守られ、病害になりにくい
3　A.C.Limoux Rougeの主要品種はMerlotである
4　Limoux Méthode AncestraleはChardonnay100%で造られる白の発泡性ワインのA.O.C.である

Q 113 Languedoc地方に位置し、赤・ロゼ・白ワインの生産が認められているA.O.C.を1つ選んでください。

1　Cabardès　2　Minervois　3　Malepère　4　Collioure

| 解答 | Q109 | 4 | Q110 | 3 | Q111 | 2 | Q112 | 3 | Q113 | 2 |

Q 114 Roussillon地方に位置し、スティルワインとV.D.N.の生産が認められているA.O.C.を1つ選んでください。

1 Corbières-Boutenac
2 Fitou
3 Terrasses du Larzac
4 Maury

Q 115 V.D.N.のA.C.Banyulsと同一の生産地域である、Roussillon地方のスティルワインのA.O.C.を1つ選んでください。

1 Maury
2 Collioure
3 La Clape
4 Pic-Saint-Loup

13 V.D.N., V.D.L. and Vin de Primeur

Q 116 生産可能色が他の3つと異なるV.D.N.のA.O.C.を1つ選んでください。

1 Muscat de Beaumes-de-Venise
2 Muscat de Lunel
3 Muscat de Mireval
4 Muscat de Rivesaltes

Q 117 V.D.N.とV.D.L.をともに生産しているA.O.C.を1つ選んでください。

1 Rasteau
2 Maury
3 Banyuls
4 Frontignan

Q 118 A.C.Pineau des Charentesの生産可能色を1つ選んでください。

1 赤・ロゼ・白
2 赤・白
3 赤・ロゼ
4 ロゼ・白

Q 119 フランスの新酒に関する記述の中から誤っているものを1つ選んでください。

1 1967年11月15日にVin de Primeurに関する規定が確立された
2 新酒の販売はブドウ収穫年の11月第3木曜日から許可されている
3 ラベルにブドウ品種名を表示しなければならない
4 新酒のA.C.Coteaux Bourguignonsの生産可能色は白のみである

| 解答 | Q114 | 4 | Q115 | 2 | Q116 | 1 | Q117 | 4 | Q118 | 1 | Q119 | 3 |

Q120 通常のワインとVin de Primeurで生産可能色が同じA.O.C.を1つ選んでください。

1 Saumur   2 Ventoux   3 Beaujolais   4 Touraine

---

14 Italy

Q121 イタリアに関する記述の中から誤っているものを1つ選んでください。

1 イタリアの国土は南北1,300kmに広がり、その面積は日本の約80%にあたる
2 首都Romaは、仙台とほぼ同緯度である
3 古代ギリシャ人はイタリア半島を"エノトリア・テルス(ワインの大地)"と讃えていた
4 イタリアの州別ワイン生産量(2020年)の第1位はVeneto州である

Q122 イタリアで初の原産地呼称法が公布された年を1つ選んでください。

1 1861年   2 1870年   3 1935年   4 1963年

Q123 イタリアの黒ブドウ中、栽培面積が第2位(2015年)の品種を1つ選んでください。

1 Barbera   2 Sangiovese
3 Merlot   4 Montepulciano

Q124 ToscanaにおいてSangioveseを"Morellino"と呼ぶ産地を1つ選んでください。

1 Scansano   2 Montepulciano
3 Siena   4 Montalcino

| 解答 | Q120 | 2 | Q121 | 2 | Q122 | 4 | Q123 | 4 | Q124 | 1 |

Q125 イタリアワイン法に関する記述のカッコ内に該当する数値を1つ選んでください。
「I.G.P.は "ワインの（　　　　）%以上がその土地で造られたもの" と定義されている。」

1　75　　　　　2　80　　　　　3　85　　　　　4　90

Q126 イタリアのスティルワインで、残糖量が "4g/L以下" の甘辛度表示を1つ選んでください。

1　Dolce　　　2　Asciutto　　　3　Amabile　　　4　Abboccato

Q127 Vino Novelloの規定で消費可能な日時を1つ選んでください。

1　10月10日0時1分から　　　　　2　10月15日0時1分から
3　10月20日0時1分から　　　　　4　10月30日0時1分から

Q128 シャルマ方式で造られている発泡性ワインのD.O.P.を1つ選んでください。

1　Franciacorta　　　　　2　Trento
3　Asti Spumante　　　　4　Alta Langa

Q129 次の記述に該当するイタリアの州を1つ選んでください。
「イタリアで面積・人口ともに最小の州で、ワイン生産量も全20州中最も少ない。Dora Baltea河両岸の傾斜地の段々畑で、独特の棚式栽培が見られる。」

1　Abruzzo　　　　　2　Gavi
3　Valle d'Aosta　　4　Friuli-Venezia Giulia

Q130 Piemonteにおいてロゼの発泡性ワインの生産が認められているD.O.C.G.を1つ選んでください。

1　Alta Langa　　　　　　　2　Gavi
3　Brachetto d'Acqui　　　4　Erbaluce di Caluso

Q131 D.O.C.G.Nizzaの主要品種を1つ選んでください。

1　Spanna　　　2　Dolcetto　　　3　Brachetto　　　4　Barbera

| 解答 | Q125 | 3 | Q126 | 2 | Q127 | 4 | Q128 | 3 | Q129 | 3 | Q130 | 1 | Q131 | 4 |

Q132 PiemonteのD.O.C.を1つ選んでください。

1 Garda 2 Langhe 3 Lugana 4 Gattinara

Q133 Chiavennascaを主要品種とするLombardiaのD.O.C.G.を1つ選んでください。

1 Valtellina Superiore 2 Moscato di Scanzo
3 Bardolino Superiore 4 Ghemme

Q134 D.O.C.G.Franciacortaの主要品種ではないものを1つ選んでください。

1 Pinot Nero 2 Moscato Bianco
3 Pinot Bianco 4 Erbamat

Q135 Venetoに関する記述の中から誤っているものを1つ選んでください。

1 D.O.C.G.数は14である
2 Valpolicellaは赤のスティルワインのみ生産が認められているD.O.C.である
3 D.O.C.G.Lisonの主要品種はGleraである
4 Grappaで有名な町、"Bassano del Grappa"がある

Q136 陰干しブドウから造られる、辛口の赤ワインのみ生産可能なD.O.C.G.を1つ選んでください。

1 Recioto di Soave 2 Amarone della Valpolicella
3 Recioto della Valpolicella 4 Montello Rosso

Q137 Friuli-Venezia Giuliaに関する記述について正しい場合は1を、誤っている場合は2を選んでください。
「Friuli-Venezia GiuliaのD.O.C.G.はすべて、白ワインのみ生産が認められている。うち、D.O.C.G.Rosazzoの主要品種はFriulanoである。」

1 正 2 誤

Q138 Emilia Romagnaに関する記述について正しい場合は1を、誤っている場合は2を選んでください。
「州都Bolognaの西がRomagna地方、東がEmilia地方で、Romagna地方で造られる発泡性・弱発泡性のD.O.C.Lambruscoが有名である。」

1 正 2 誤

| 解答 | Q132 | 2 | Q133 | 1 | Q134 | 2 | Q135 | 3 | Q136 | 2 | Q137 | 1 | Q138 | 2 |

Q139 D.O.C.G.Vernaccia di San Gimignanoの生産可能色を1つ選んでください。

1 赤 　　　2 白 　　　3 赤・白 　　　4 赤・ロゼ・白

Q140 Lazioに関する記述について正しい場合は1を、誤っている場合は2を選んでください。
「Lazioにはイタリアの首都Romaが位置し、古代ローマからブドウ栽培が盛んな州である。Romaのすぐ南に位置するFrascatiでは伝統的に、甘口のことをDolceといわずCerasuoloという。」

1 正 　　　2 誤

14 イタリア

Q141 CampaniaのD.O.P.の中から赤ワインのみ生産が認められている銘柄を1つ選んでください。

1 Taurasi 　　　2 Greco di Tufo
3 Vesuvio 　　　4 Fiano di Avellino

Q142 ギリシャ人によってBasilicataに伝えられたとされる黒ブドウ品種を1つ選んでください。

1 Bombino Nero 　　2 Primitivo 　　3 Aglianico 　　4 Nero di Troia

Q143 D.O.C.Cirò Rossoの主要品種を1つ選んでください。

1 Montepulciano 　　　2 Vernaccia Nera
3 Cesanese 　　　4 Gaglioppo

Q144 Zibibbo主体の白のスティルと発泡性ワインのみ生産が認められているD.O.C.を1つ選んでください。

1 Alcamo 　　2 Etna 　　3 Malvasia delle Lipari 　　4 Pantelleria

Q145 黒ブドウ品種 "Calabrese" のシノニムを1つ選んでください。

1 Barbera 　　2 Nero d'Avola 　　3 Corvina 　　4 Dolcetto

| 解答 | Q139 | 2 | Q140 | 2 | Q141 | 1 | Q142 | 3 | Q143 | 4 | Q144 | 4 | Q145 | 2 |

15 Spain

Q 146

スペインに関する記述について正しい場合は1を、誤っている場合は2を選んでください。
「17の自治州すべてでワインが生産されているが、その約62%が中央高原地帯のCastilla y León州で生産されている。」

1 正 　　　　　2 誤

Q 147

次の記述のカッコ内に該当する語句を1つ選んでください。
「スパークリングワインのCavaは、その大半が北部地中海側のCataluña州で生産されており、酒精強化ワインは南部（　　　）州での生産が世界的に有名である。」

1 Valencia 　　2 Murcia 　　3 Andalucía 　　4 Galicia

Q 148

スペインで最も多く栽培されているブドウ品種（2020年）を1つ選んでください。

1 Macabeo 　　2 Airén 　　3 Tempranillo 　　4 Bobal

Q 149

Tempranilloの "La Mancha" でのシノニムを1つ選んでください。

1 Tinto Fino 　　2 Cencibel 　　3 Tinta del País 　　4 Ull de Llebre

Q 150

スペインワイン法に関する記述の中から正しいものを1つ選んでください。

1 スペインのワイン法が発効したのは1932年である
2 2021年現在、合計57がD.O.P.として認定・登録されている
3 D.O.に認可されて10年後にD.O.Ca.への昇格申請が可能である
4 Vinoはフランスにおける旧Vin de Paysに相当する

Q 151

V.P.（Vino de Pago）の日本語表記として正しいものを1つ選んでください。

1 特選原産地呼称ワイン 　　　　2 原産地呼称ワイン
3 地域名付き高級ワイン 　　　　4 単一ブドウ畑限定ワイン

解答	Q146	2	Q147	3	Q148	2	Q149	2	Q150	3	Q151	4

Q152 スペインの "Reserva" と表示されたD.O.P.赤ワインは、36ヶ月以上の熟成期間のうち、最低何ヶ月の樽熟成が必要か1つ選んでください。

1 6ヶ月　　2 12ヶ月　　3 18ヶ月　　4 24ヶ月

Q153 D.O.Ca.Riojaに関する記述の中から誤っているものを1つ選んでください。

1 1991年、スペインで初のD.O.Ca.に認定された
2 La Rioja、País Vasco、Aragónの3つの州にまたがっている
3 Ebro河流域とその支流Oja河沿岸に位置する
4 Rioja Altaが全栽培面積の約50%を占める

Q154 D.O.Rías Baixasで栽培されるブドウのうち、約96%を占める品種を1つ選んでください。

1 Tempranillo　　　　　　　2 Palomino (Fino)
3 Albariño　　　　　　　　　4 Monastrell

Q155 単一の原産地呼称では世界最大の広さを誇り、白ブドウはAirén、黒ブドウはCencibelを主要品種とするD.O.を1つ選んでください。

1 Rueda　　2 Penedès　　3 Navarra　　4 La Mancha

Q156 次の記述に該当するCavaの主要品種を1つ選んでください。
「酸味をもたらし、近年ミネラルとフレッシュさのある、この品種100%のGran ReservaクラスのCavaが増加している。」

1 Parellada　　2 Trepat　　3 Macabeo　　4 Xarel·lo

Q157 次の記述のカッコ内に該当する語句を1つ選んでください。
「限定されたエリアから造られたCavaの呼称である"Cava de Paraje Calificado"には、(　　　)ヶ月以上熟成などの厳しい規定がある。」

1 18　　2 24　　3 36　　4 48

Q158 Sherryの "Amontillado" のアルコール度数を1つ選んでください。

1 15〜17度　　2 15〜19度　　3 16〜22度　　4 17〜22度

| 解答 | Q152 | 2 | Q153 | 2 | Q154 | 3 | Q155 | 4 | Q156 | 4 | Q157 | 3 | Q158 | 3 |

Q 159 Sherryの熟成年数表示で、"VORS"の最低熟成年数を1つ選んでください。

1 15年 2 20年 3 25年 4 30年

Q 160 Sherryに関する記述の中から誤っているものを1つ選んでください。

1 ブドウはテラロッサと呼ばれる炭酸カルシウムを多く含む真っ白な石灰質土壌で栽培されている
2 主要品種は白ブドウのPalominoで、全体の約95%をも占める
3 Manzanillaはフロールのもとで熟成するFinoタイプで、Sanlúcar de Barramedaで熟成される
4 Sherryの熟成システムを"クリアデラとソレラのシステム"という

16 Portugal

Q 161 ポルトガルに関する記述の中から誤っているものを1つ選んでください。

1 イベリア半島の西端、スペインと国境を接し、赤ワインが生産量の60.8%を占める
2 BC6C頃に、フェニキア人によってブドウ栽培がはじめられた
3 主要産業は農業で、特にコルクは主要な輸出製品の1つである
4 TempranilloのポルトガルでのシノニムはTinta del Paísである

Q 162 16C半ばから始まった南蛮貿易で、織田信長が愛飲したといわれるポルトガルの赤ワインの名称を1つ選んでください。

1 珍紫酒 2 珍紅酒 3 珍竜酒 4 珍蛇酒

次の記述について正しい場合は1を、誤っている場合は2を選んでください。

Q 163 「ポルトガルには250種を超える固有品種があり、1ha当たりの固有品種数は世界最多である。栽培面積が最大の白ブドウ品種はArinto、黒ブドウ品種はAragonezである（2018年）。」

1 正 2 誤

| 解答 | Q159 | 4 | Q160 | 1 | Q161 | 4 | Q162 | 4 | Q163 | 2 |

Q164 ポルトガルワイン法において、D.O.C.ワインに対しアルコール度数が法定最低度数より0.5%以上高い等の条件を満たしたワインに認められる伝統的表記を1つ選んでください。

1 Viejo   2 Crianza   3 Reserva   4 Gran Reserva

Q165 ワイン産地"Minho"に関する記述の中から正しいものを1つ選んでください。

1 北西部に位置し、Douro河一帯に広がるブドウ栽培地区である
2 ポルトガルのブドウ収穫量の1/4、栽培面積の28%を占める地域である
3 西は大西洋の影響を受けた海洋性の気候、北と東はより大陸的な気候である
4 D.O.C.Vinho Verdeでは、Tinta Rorizなどから微発泡、フレッシュなタイプの白ワインが多く造られている

Q166 ポルトガル中部に位置するD.O.C.を1つ選んでください。

1 Setúbal   2 Bairrada   3 Douro   4 Pico

Q167 次の記述に該当するD.O.C.を1つ選んでください。
「接木していないフィロキセラフリーの木が残っており、非常に珍しいRamiscoから、タンニンや酸が強く熟成のポテンシャルを持つ赤ワインが造られる。」

1 Bairrada   2 Dão   3 Carcavelos   4 Colares

Q168 次の記述について正しい場合は1を、誤っている場合は2を選んでください。
「Alentejanoは "Tejo河の向かい側" を意味し、ポルトガル南部の大部分を占める地方。また、世界有数のコルク産地としても有名である。」

1 正   2 誤

Q169 次の記述に該当するD.O.C.を1つ選んでください。
「かつてはロシア皇帝や英国の宮廷で愛されたことで有名な、中辛口タイプの酒精強化ワインLajidoの産地で、地表がすべて溶岩でおおわれている。」

1 Tejo   2 Pico   3 Madeira   4 Douro

解答	Q164	3	Q165	3	Q166	2	Q167	4	Q168	1	Q169	2

Q170 D.O.C.Portoが世界で初めて原産地呼称管理法の指定を受けた年を1つ選んでください。

1 1736年 2 1756年 3 1776年 4 1796年

Q171 Portoの、"ポイント制度で分類されるブドウ畑の土地台帳"を意味する語句を1つ選んでください。

1 Cadastro 2 Estufa 3 Canteiro 4 Colheita

Q172 Portに関する記述について正しい場合は1を、誤っている場合は2を選んでください。
「Light Dry White Portは、白ブドウを原料とした、比較的辛口に仕上げたタイプのPortで、例外的に最低アルコール度数が19度まで認められている。」

1 正 2 誤

Q173 "辛口で、華やかな香りのあるワイン"に造られるMadeiraのタイプを1つ選んでください。

1 Verdelho 2 Boal 3 Sercial 4 Malvasia

Q174 Madeiraの熟成年数表示で、"Extra Reserva"の最低熟成年数を1つ選んでください。

1 5年 2 10年 3 15年 4 20年

Q175 Madeiraに関する記述の中から誤っているものを1つ選んでください。

1 酒精強化するために96度のグレープ・スピリッツを添加する
2 アルコール度数は17〜22度と規定されている
3 人工的な加熱装置"Estufa"を使う場合、35〜50℃で最低3ヶ月加熱される
4 品種名（＝タイプ名）を表示するには、表示品種が75％以上使用されなければならない

| 解答 | Q170 | 2 | Q171 | 1 | Q172 | 2 | Q173 | 3 | Q174 | 3 | Q175 | 4 |

17 Germany

Q 176 ドイツワインの歴史に関する記述の中から正しいものを1つ選んでください。

1　1136年に、ベネディクト派のエーバーバッハ修道院がRheingauに設立された
2　1720年に、JohannisbergでRieslingの苗木が大量に植樹された
3　1760年代に、RheingauとMoselでブドウ畑の格付けが行われた
4　1930年代に、Ferdinand Oechsleが比重計によるワイン果汁の糖度測定法を提唱した

Q 177 ドイツワイン産地の区画の中から、"Einzellage"の日本語表記として正しいものを1つ選んでください。

1　地区　　　　2　集合畑　　　　3　単一畑　　　　4　特級区画

Q 178 ドイツで栽培面積が最大のブドウ品種(2020年)を1つ選んでください。

1　Rivaner　　　2　Rheinriesling　3　Dornfelder　　4　Spätburgunder

Q 179 ドイツのワイン用ブドウ品種の交配として誤っているものを1つ選んでください。

1　Domina＝Lemberger×Spätburgunder
2　Kerner＝Trollinger×Riesling
3　Müller-Thurgau＝Riesling×Madeleine Royale
4　Dornfelder＝Helfensteiner×Heroldrebe

Q 180 ドイツ新ワイン法の規定として誤っているものを1つ選んでください。

1　地理的表示付きワインの中で、g.U.とg.g.A.に分けられる
2　2021年からの新ワイン法では、g.U.の中でさらに4段階の格付けに分けられる
3　Landweinは、13ある指定地域のブドウを75%以上使用しなければならない
4　Weinは、従来のTafelweinに相当する

| 解答 | Q176 | 2 | Q177 | 3 | Q178 | 2 | Q179 | 1 | Q180 | 3 |

Q181 次の記述に該当するPrädikatsweinの格付けを1つ選んでください。
「過熟状態のブドウか貴腐ブドウで造ったワインで、収穫時の最低果汁糖度は110〜128°Oe。」

1 Eiswein
2 Beerenauslese
3 Auslese
4 Spätlese

Q182 Prädikatsweinの条件として正しいものを1つ選んでください。

1 1つの単一畑内で栽培・収穫されたブドウを100%使用すること
2 各地域で許可されているブドウ品種から造ること
3 補糖を行うことはできるが制限がある
4 ワインは公的機関による品質検査を受けるが、公的検査番号の表示義務はない

Q183 次の記述について正しい場合は1を、誤っている場合は2を選んでください。
「"Süßreserve"とは、醗酵後に添加されることがある、未醗酵のブドウ果汁のことで、ワインの甘味を調整し、酸度とのバランスをとるために、全体の10%以内の量で添加（補糖）することができる。」

1 正
2 誤

Q184 ドイツの発泡性ワインで、甘辛度表示 "Extra Trocken" の残糖量を1つ選んでください。

1 12〜17g/L
2 17〜32g/L
3 32〜50g/L
4 50g/L超

Q185 単一の赤用品種から造られた、Qualitätswein以上の品質であるドイツのロゼワインを1つ選んでください。

1 Schaumwein
2 Rotling
3 Winzersekt
4 Weißherbst

Q186 Rotlingの、生産地域における独特の名称ではないものを1つ選んでください。

1 Perlwein
2 Schillerwein
3 Badisch Rotgold
4 Schieler

| 解答 | Q181 | 2 | Q182 | 2 | Q183 | 2 | Q184 | 1 | Q185 | 4 | Q186 | 1 |

Q 187　VDP. Die Prädikatsweingüterに関する記述の中から誤っているものを
I つ選んでください。

1　1910年に設立された、ドイツのブドウ畑の格付けを推進している生
産者団体である
2　近年は約200の加盟生産者を対象に検査が行われている
3　4段階の格付けのうち、最も高い格付けはVDP. Erste Lageである
4　醸造所名入りワインはVDP. Gutsweinである

Q 188　ドイツのI3特定ワイン生産地域の中で、"最南に位置し、ドイツ最大の
赤ワインの産地" をI つ選んでください。

1　Pfalz　　　　　　　　　　2　Württemberg
3　Baden　　　　　　　　　　4　Ahr

Q 189　ドイツのI3特定ワイン生産地域の中で、"栽培面積が最小で、ドイツの
Toscanaとも称される風光明媚な産地" をI つ選んでください。

1　Hessische Bergstraße　　　2　Rheingau
3　Saale-Unstrut　　　　　　　4　Franken

Q 190　銘醸畑 "Scharzhofberg" が位置する村をI つ選んでください。

1　Johannisberg　　　　　　　2　Winkel
3　Wiltingen　　　　　　　　　4　Hattenheim

---

18 Austria

次の記述について正しい場合はIを、誤っている場合は2を選んでくだ
さい。

Q 191　「オーストリアのワイン生産地域は東端部に集中している。二大産地
はNiederösterreich州とBurgenland州で、全栽培面積の約88%をも占
めている。」

1　正　　　　　　2　誤

解答	Q187	3	Q188	2	Q189	I	Q190	3	Q191	I

Q 192 オーストリアの白ブドウ中、栽培面積が第2位（2021年）の品種を1つ選んでください。

1 Riesling
2 Welschriesling
3 Weißer Burgunder
4 Grüner Veltliner

Q 193 オーストリアワインに関する記述の中から誤っているものを1つ選んでください。

1 Heurigeという新酒が有名で、ワイン生産者兼居酒屋もHeurigeという
2 Prädikatsweinの中でさらに5段階の格付けがある
3 Bergweinとは傾斜が26度を超える段丘や急斜面にある畑のブドウから造られるワインに対する名称
4 果汁糖度の単位として、KMW糖度が採用されている

Q 194 Wachau D.A.C.において、"鷹狩の道具"にちなんで命名された格付けを1つ選んでください。

1 Schilcher
2 Smaragd
3 Steinfeder
4 Federspiel

Q 195 次の記述に該当するD.A.C.を1つ選んでください。
「オーストリア最大で最北に位置する限定的生産地域で、最初のD.A.C.。ブドウ栽培面積の約半分がGrüner Veltlinerで、D.A.C.を名乗るためにはこれを使用しなければならない。」

1 Weinviertel
2 Kremstal
3 Neusiedlersee
4 Rosalia

---

19 Hungary

Q 196 ハンガリーに関する記述の中から誤っているものを1つ選んでください。

1 気候は主に海洋性気候で、冬と夏の気温差が大きい
2 ワイン生産は、ベネディクト派の宣教師達により拡大していった
3 Tokajでは1737年に原産地呼称が導入された
4 現在ハンガリーワインは、O.E.M.、O.F.J.、Asztali bor/Magyar bor、と3つのカテゴリーに大別されている

| 解答 | Q192 | 2 | Q193 | 2 | Q194 | 4 | Q195 | 1 | Q196 | 1 |

Q197 オーストリアで "Blaufränkisch" と呼ばれる黒ブドウ品種の、ハンガリーでのシノニムを1つ選んでください。

1 Hárslevelü　　2 Bianca　　　3 Kékfrankos　4 Furmint

Q198 ハンガリーに関する記述について正しい場合は1を、誤っている場合は2を選んでください。
「Zemplén P.G.I.はBalaton湖周辺の地方で、Badacsony P.D.O.などが有名産地である。また、Dunántúli P.G.I.ではハンガリー北西端、オーストリアとの国境に接するワイン産地 "Sopron P.D.O." が有名である。」

1 正　　　　　2 誤

Q199 国際的に有名な赤ワインである "Egri Bikavér" の産地を1つ選んでください。

1 Villány P.D.O.　　　　　　2 Kunság P.D.O.
3 Sopron P.D.O.　　　　　　4 Eger P.D.O.

Q200 Tokaj Wineにおいて、スラブ語で "自然のままに" という意味をもつ品質区分を1つ選んでください。

1 Aszú　　　　2 Puttony　　3 Eszencia　　4 Szamorodni

---

20 Switzerland

Q201 次の記述について正しい場合は1を、誤っている場合は2を選んでください。
「スイスのワイン生産量は、東部ドイツ語圏のSuisse Allemandが最も大きく、全体の80%を占める。」

1 正　　　　　2 誤

| 解答 | Q197 | 3 | Q198 | 2 | Q199 | 4 | Q200 | 4 | Q201 | 2 |

Q202 スイスの白ブドウ中、栽培面積が最大（2020年）の品種を1つ選んでください。

1　Chardonnay　　　　　　2　Fendant
3　Müller-Thurgau　　　　4　Gamaret

Q203 スイスのワイン産地Vaud州で、生産量の約60％を占めるブドウ品種を1つ選んでください。

1　Garanoir　　2　Merlot　　3　Sylvaner　　4　Chasselas

Q204 Genève州におけるChasselasの シノニムを1つ選んでください。

1　Malvoisie　　　　　　2　Ruländer
3　Perlan　　　　　　　4　Grauburgunder

Q205 スイスに関する記述の中から正しいものを1つ選んでください。

1　Genève州のLavaux地区は、2007年にユネスコの世界遺産に登録された
2　Valais州は、スイス最大のワイン産地で、赤ワインのDôleが名産品である
3　Neuchâtel州では、Pinot NoirからFederweissというロゼワインが造られている
4　Ticino州は、スイスで最も南に位置し、Pinot Noirから造られる軽快なロゼ・白ワインが、"Pinot Noir del Ticino"の愛称で親しまれている

| 解答 | Q202 | 2 | Q203 | 4 | Q204 | 3 | Q205 | 2 |

21 Luxembourg

Q206 ルクセンブルクに関する記述の中から誤っているものを1つ選んでください。

1. フランスとドイツという2大ワイン産地に挟まれ、ベルギーとも国境を接している
2. 海洋性気候の影響を含んだ大陸性気候である
3. ワイン生産の9割が白ワインである
4. ワイン業界は、OPVIと呼ばれる独立したワインメーカーと、ネゴシアン、協同組合で成り立っている

Q207 次の記述のカッコ内に該当する語句を1つ選んでください。
「ルクセンブルクのワイン産地は、ドイツとの国境に流れる（　　　）河左岸で、南北42kmにわたる。」

1. Rhein
2. Main
3. Mosel
4. Nahe

Q208 ルクセンブルクで日常ワイン用として楽しまれている、過去には4割のシェアを誇った白ブドウ品種を1つ選んでください。

1. Rivaner
2. Pinot Gris
3. Elbling
4. Auxerrois

Q209 ルクセンブルクワイン法において2015年に導入された新格付けの中で、"優良な畑のワイン"を示すものを1つ選んでください。

1. Coteaux-dit
2. Coteaux de
3. Lieu-dit
4. Côtes de

Q210 ルクセンブルク北部に位置するワイン産地を1つ選んでください。

1. Schengen
2. Remich
3. Grevenmacher
4. Wellenstein

| 解答 | Q206 | 2 | Q207 | 3 | Q208 | 1 | Q209 | 2 | Q210 | 3 |

22 Slovenia

次の記述について正しい場合は1を、誤っている場合は2を選んでください。

Q211 「スロヴェニアはイタリアのTriesteの東側に位置し、イタリア、オーストリアと国境を接している。白ワインの生産量の方が多く、生産者の9割以上が畑面積1ha未満の小規模生産者である。」

1　正　　　　　2　誤

Q212 スロヴェニアの全ブドウ中、栽培面積が第2位の品種（2020年）を1つ選んでください。

1　Chardonnay　2　Rebula　　　3　Laski Rizling　4　Refošk

Q213 スロヴェニアワイン法において、統制保証原産地産伝統的ワインの略称を1つ選んでください。

1　Z.G.P.　　　2　P.G.O.　　　3　P.D.O.　　　4　P.T.P.

Q214 スロヴェニアの統制保証原産地区の数を1つ選んでください。

1　3　　　　　2　5　　　　　3　7　　　　　4　9

Q215 Cvičekというロゼワインが代表的な、南東部に位置するワイン生産地域を1つ選んでください。

1　Primorska　2　Podravje　　3　Posavje

| 解答 | Q211 | 1 | Q212 | 4 | Q213 | 4 | Q214 | 4 | Q215 | 3 |

23 Croatia

Q 216

クロアチアに関する記述について正しい場合は1を、誤っている場合は2を選んでください。
「クロアチアはティレニア海を挟んでイタリアと向かい合っている。観光は国の重要な産業の1つであり、ティレニア海岸最南端に位置するDubrovnikは観光地として有名。」

1　正　　　　　2　誤

Q 217

クロアチアの全ブドウ中、栽培面積が最大(2018年)の品種を1つ選んでください。

1　Welschriesling　2　Pinot Bijeli　　3　Malvazija　　4　Portugizac

Q 218

"Blaufränkisch"のクロアチアでのシノニムを1つ選んでください。

1　Frankovka　　2　Plavac Mali　　3　Pinot Sivi　　4　Traminac

Q 219

1000年以上にわたりワイン生産が盛んな地域で、白ブドウのMalvazijaと黒ブドウのTeranを代表品種とする地域を1つ選んでください。

1　Hrvatska Istra　　　　　2　Sjeverna Dalmacija
3　Slavonija　　　　　　　4　Zagorje-Medimurje

Q 220

黒ブドウのPortugizacからの新酒が有名な、ワイン生産地域を1つ選んでください。

1　Prigorje-Bilogora　　　2　Zagreb
3　Plešivica　　　　　　　4　Hrvatsko Podunavlje

| 解答 | Q216 | 2 | Q217 | 1 | Q218 | 1 | Q219 | 1 | Q220 | 3 |

24 Romania

Q221 ルーマニアワインに関する記述の中から正しいものを1つ選んでください。

1 ワイン造りの歴史は古く、6000年前までに遡る
2 1944年からの共産主義時代、特にチャウシェスク政権下でワインの品質は向上した
3 ルーマニアは、ブルガリア、ウクライナ、セルビア、ハンガリー、モルドバと国境を接し、東部は黒海に面している
4 ワイン法はモルドバワイン法の規則に準じている

Q222 ルーマニアの土着品種で、"白い乙女" を意味するブドウを1つ選んでください。

1 Fetească Neagră
2 Fetească Albă
3 Grasă de Cotnari
4 Băbească Neagră

Q223 ルーマニアの土着品種 "Fetească Regală"の意味を1つ選んでください。

1 ボホティンのバジル
2 高貴な乙女
3 黒い貴婦人
4 黒い乙女

Q224 ルーマニアワイン法における原産地呼称保護ワインの略称を1つ選んでください。

1 I.G.P.
2 P.D.O.
3 D.O.C.
4 P.G.I.

Q225 ルーマニアに関する記述について正しい場合は1を、誤っている場合は2を選んでください。
「ルーマニアワイナリー協会は、ワイン産地を7つに区分けし、その中でTerasele Dunării地方が最大の産地である。」

1 正
2 誤

| 解答 | Q221 | 3 | Q222 | 2 | Q223 | 2 | Q224 | 3 | Q225 | 2 |

25 Bulgaria

Q226
ブルガリアに関する記述について正しい場合は1を、誤っている場合は2を選んでください。
「ブルガリアは、ヨーロッパ南東部クリミア半島に位置し、北部にはドナウ河が流れ、東部はカスピ海に接している。」

1　正　　　　2　誤

Q227
ブルガリアの古代品種で、栽培面積が全ブドウ中3位、約10%を占める黒ブドウ (2021年) を1つ選んでください。

1　Pamid　　　2　Red Misket　　　3　Dimyat　　　4　Melnik

Q228
ブルガリアの黒ブドウ "Rubin" の交配として正しいものを1つ選んでください。

1　Merlot×Sangiovese　　　　　2　Merlot×Cabernet Franc
3　Syrah×Nebbiolo　　　　　　4　Syrah×Sangiovese

Q229
ブルガリアに関する記述の中から正しいものを1つ選んでください。

1　Rakiyaというフレーヴァードワインが多く生産されている
2　ワイン造りの歴史は古く、紀元前からブルガリア人の祖先にあたるエトルリア人がワイン造りを行ってきた
3　黒ブドウのGamzaは古代からの土着品種で、シノニムはKadarkaという
4　地理的表示保護ワインであるP.D.O.には、"Thracian Valley" と "Danube Plain" が登録されている

Q230
ブルガリア最大のワイン産地の1つで、畑面積がブルガリア全体の3割を占めるP.G.I.を1つ選んでください。

1　Struma Valley　　　　　　2　Thracian Valley
3　Black Sea　　　　　　　　4　Danube Plain

| 解答 | Q226 | 2 | Q227 | 1 | Q228 | 3 | Q229 | 3 | Q230 | 4 |

26 Greece

Q231
次の記述について正しい場合は1を、誤っている場合は2を選んでください。
「古代ギリシャにおいて、"symposia"という社交行事でワインをサービスする人は "oenochooi"と呼ばれ、ソムリエの原型であった。」

1 正 　　　　 2 誤

Q232 ギリシャで栽培されている品種の中で白ブドウを1つ選んでください。

1 Mavrodaphne 　　　　　　 2 Agiorgitiko
3 Robola 　　　　　　　　　　 4 Xinomavro

Q233 Retsinaの主要品種 "Savatiano"の主な栽培地として知られるワイン産地を1つ選んでください。

1 Ionia 　　 2 Samos 　　 3 Limnos 　　 4 Attica

Q234 ギリシャを代表する高品質赤ワインの産地で、"Xinomavro"単独品種のP.D.O.を1つ選んでください。

1 Naoussa 　　 2 Zitsa 　　 3 Rapsani 　　 4 Santorini

Q235 Domaine Carrasによって創設され発展した、Halkidiki半島に位置するP.D.O.を1つ選んでください。

1 Amyntaio 　　 2 Goumenissa 　　 3 Slopes of Meliton 　　 4 Patras

| 解答 | Q231 | 1 | Q232 | 3 | Q233 | 4 | Q234 | 1 | Q235 | 3 |

27 Moldova

Q236
次の記述について正しい場合は1を、誤っている場合は2を選んでください。
「モルドバはカスピ海北西の南東ヨーロッパに位置し、西はウクライナ、東と南はルーマニアと国境を接している。」

1　正　　　2　誤

Q237
モルドバでワイン造りが最も盛んだった時期を1つ選んでください。

1　13C後半　　2　14C後半　　3　15C後半　　4　16C後半

Q238
次のモルドバの土着品種の中で、ルーマニアでのシノニムが "Băbească Neagră" であるものを1つ選んでください。

1　Fetească Albă　　　　　2　Fetească Regală
3　Fetească Neagră　　　　4　Rară Neagră

Q239
モルドバの原産地呼称D.O.P.に登録されているワイナリー（2016年時点）を1つ選んでください。

1　Ciumai　　2　Codru　　3　Valul lui Traian　　4　Divin

Q240
モルドバのワイン産地 "Ştefan-Vodă" で一番多く栽培されているブドウ品種を1つ選んでください。

1　Rară Neagră　　　　　2　Fetească Neagră
3　Merlot　　　　　　　4　Cabernet Sauvignon

| 解答 | Q236 | 2 | Q237 | 3 | Q238 | 4 | Q239 | 1 | Q240 | 1 |

28 Georgia

Q241

次の記述のカッコ内に該当する語句を1つ選んでください。
「ジョージアの国土の80%は山岳地帯で、西の黒海と東のカスピ海をつなぐ形で東西に（　　　　）山脈が走っている。」

1　ウラル
2　バルカン
3　カルパチア
4　コーカサス

Q242

次の記述について正しい場合は1を、誤っている場合は2を選んでください。
「ワイン造りは、"クヴェヴリ"と呼ばれる"果肉、果皮、種、茎"をワイン醸造用の伝統的な素焼きの壺である"チャチャ"に入れて醗酵させる。」

1　正
2　誤

Q243

ジョージアのワイン輸出先（2020年）を多い国から順に並べたものを1つ選んでください。

1　ウクライナ→ポーランド→ロシア
2　ロシア→ウクライナ→ポーランド
3　ロシア→ギリシャ→ポーランド
4　ポーランド→ロシア→ギリシャ

Q244

ジョージアの土着品種で全ブドウ中、栽培面積が最大（2019年）の品種を1つ選んでください。

1　Rkatsiteli
2　Tsolikouri
3　Saperavi
4　Mtsvane Kakhuri

Q245

ジョージアに関する記述の中から正しいものを1つ選んでください。

1　現在25のアペラシオンがP.D.O.として登録されており、このうち19がImereti地方にある
2　ワインの醸造・生産は国家が管理しており、個人が自宅で醸造・販売することはできない
3　ジョージア最大のP.D.O.はKakheti P.D.O.である
4　Imereti地方は大陸性気候で、冬季は黒海の影響を受けて温暖である

| 解答 | Q241 | 4 | Q242 | 2 | Q243 | 2 | Q244 | 1 | Q245 | 3 |

29 United Kingdom

Q246

次の記述について正しい場合は1を、誤っている場合は2を選んでください。
「英国は最も北極寄りにあるワイン産地の1つだが、カナリア海流によって温められる英国南部は地中海性温帯気候である。」

1 正 　　　　　2 誤

Q247

キリスト教の伝播に伴い、Britain島南東部の修道院でブドウ栽培とワイン醸造が行われるようになった時期を1つ選んでください。

1 4C 　　　　2 5C 　　　　3 6C 　　　　4 7C

Q248

EnglandとWalesの全ブドウ中、栽培面積が第2位 (2020年) の品種を1つ選んでください。

1 Pinot Noir 　　2 Meunier 　　3 Chardonnay 　4 Bacchus

Q249

2011年に導入された英国ワイン法で、地理的表示が保護されるようになった地域を1つ選んでください。

1 Wales 　　　2 Scotland 　　3 Ireland 　　4 Nothern Ireland

Q250

2017年にP.D.O.に登録された単独所有畑を1つ選んでください。

1 Brighton 　　2 Sussex 　　　3 Essex 　　　4 Darnibole

30 United States of America

Q251

ワイン生産量が全米第2位 (2020年) の州を1つ選んでください。

1 Washington 　2 Oregon 　　3 California 　4 New York

| 解答 | Q246 | 2 | Q247 | 3 | Q248 | 3 | Q249 | 1 | Q250 | 4 | Q251 | 1 |

Q252

次の記述について正しい場合は1を、誤っている場合は2を選んでください。
「アメリカの気候は、太平洋岸地域では寒流のフンボルト海流の影響で海に近いほど冷涼で、内陸に入るほど暑く、乾燥する。」

1　正　　　　　　2　誤

Q253

次の記述のカッコ内に該当する語句を1つ選んでください。
「19C後半、西部はゴールド・ラッシュによる人口の急増で、ワイン需要が拡大した。この頃、フィロキセラ被害が（　　　　）で最初に発生し、その後、ラブルスカ系を台木にした接木苗が開発された。」

1　Napa　　　　　　　　　　2　Mendocino
3　San Luis Obispo　　　　　4　Sonoma

Q254

アメリカ及び南米で栽培され、色が濃くタンニンの強いワインを造るブドウ品種を1つ選んでください。

1　Petite Sirah　　　　　　2　French Colombard
3　Zinfandel　　　　　　　　4　Ruby Cabernet

Q255

次の記述の中から正しいものを1つ選んでください。

1　アメリカのワイン法が制定されたのは1920年である
2　A.V.A.とは "American Viticultural Association" の略称である
3　California州でラベルに州名を表示する場合、州のブドウを75%以上使用しなければならない
4　Oregon州でラベルに収穫年を表示する場合（A.V.A.表示の場合）、その年に収穫したブドウを95%以上使用しなければならない

Q256

"ワイン名の一部にヨーロッパの有名ワイン産地名を使ったワイン" を1つ選んでください。

1　Semi-Generic Wine　　　　2　Varietal Wine
3　Meritage Wine　　　　　　4　Estate Bottled

| 解答 | Q252 | 2 | Q253 | 4 | Q254 | 1 | Q255 | 4 | Q256 | 1 |

Q257

次の記述のカッコ内に該当する数値の組み合わせとして正しいものを1つ選んでください。
「2021年現在、California州には（　a　）軒を超えるワイナリーがあり、アメリカワイン総生産量の約（　b　）％を生産している。」

1　(a) 5,900　　(b) 80　　　　2　(a) 5,900　　(b) 95

3　(a) 7,900　　(b) 80　　　　4　(a) 7,900　　(b) 95

Q258

California州の全ブドウ中、栽培面積が最大（2020年）の品種を1つ選んでください。

1　Chardonnay　　　　　　2　Cabernet Sauvignon

3　French Colombard　　　4　Zinfandel

Q259

Californiaワインが国際的に認知されるきっかけとなった、1976年のテイスティング大会が行われた都市を1つ選んでください。

1　パリ　　　2　ロンドン　　　3　ミラノ　　　4　ニューヨーク

Q260

次の記述について正しい場合は1を、誤っている場合は2を選んでください。
「Napa CountyはSan Pablo湾から北側のSaint Helena山の北まで、南北にのびる細長い産地である。」

1　正　　　　　　2　誤

Q261

Napa Countyに位置していないA.V.A.を1つ選んでください。

1　Oakville　　2　Coombsville　　3　Calistoga　　4　Petaluma Gap

Q262

次の記述のカッコ内に該当する語句を1つ選んでください。
「Central Coastの内陸は乾燥して温暖な気候で、特に（　　　）County では、Rhône系品種を多く栽培している。」

1　Santa Clara　　　　　　2　Monterey

3　San Luis Obispo　　　　4　Santa Barbara

Q263

Lodi A.V.A.が位置するワイン産地を1つ選んでください。

1　North Coast　　　　　　2　Inland Valleys

3　Central Coast　　　　　4　Sierra Foothills

解答	Q257	1	Q258	2	Q259	1	Q260	1	Q261	4	Q262	3	Q263	2

Q 264 Oregon州で栽培面積の約59%を占めるブドウ品種を1つ選んでください。

1 Cabernet Sauvignon   2 Pinot Gris
3 Chardonnay   4 Pinot Noir

Q 265 Washington州とOregon州にまたがっていないA.V.A.を1つ選んでください。

1 Columbia Gorge   2 Willamette Valley
3 Walla Walla Valley   4 Columbia Valley

Q 266 Washington州とIdaho州にまたがるA.V.A.を1つ選んでください。

1 Lake Chelan   2 Red Mountain
3 Lewis-Clark Valley   4 Snake River Valley

Q 267 New York州のワインに関する記述の中から誤っているものを1つ選んでください。

1 州内には、現在471軒のワイナリーがある（2020年）
2 初めてブドウが植えられたのはManhattanで、17C中頃にドイツ人による
3 白ブドウの主要品種は、Riesling、Chardonnay、Niagara等である
4 Hudson River Regionは、アメリカにおいて商業ベースでワインが生産された最も古い地区である

Q 268 1970年代からワイン造りが始まった新しい産地で、近年Merlotの評価が高まっている、New York州のA.V.A.を1つ選んでください。

1 Long Island   2 Finger Lakes
3 Upper Hudson   4 Champlain Valley of New York Region

Q 269 Virginia州に関する記述について正しい場合は1を、誤っている場合は2を選んでください。

「Virginia州は太平洋岸の南部に位置し、初代アメリカ大統領のGeorge Washingtonはこの州の出身である。"ブルゴーニュブレンド"の赤ワインや、エレガントなViognierが注目されている。」

1 正   2 誤

解答	Q264	4	Q265	2	Q266	3	Q267	2	Q268	1	Q269	2

Q270 第3代アメリカ大統領のThomas Jeffersonがひらいた農園や、多くの
ワイナリーが設立されている、Virginia州のA.V.A.を1つ選んでください。

1 Virginia Peninsula   2 Monticello
3 Shenandoah Valley   4 Richmond

---

31 Canada

Q271 カナダワインに関する記述の中から正しいものを1つ選んでください。

1 ワイン造りは1711年、ヨハン／ジョン・シラーによりOntario州で始
まった
2 主要産地はOntario州とQuébec州の2つに集中している
3 30～40年前までは、Vitis Amurensis種とフランス系品種との交雑品種
を主に使っていた
4 Vitis Vinifera種、交配・交雑品種など合わせて80種以上のブドウ品種
が栽培されている

Q272 Ontario州内に600以上の小売店をもつ酒類の専売公社名を1つ選んでく
ださい。

1 L.C.B.O.   2 V.Q.A.   3 BC V.Q.A.   4 B.C.W.A.

Q273 British Columbia州での特定栽培地区の略称を1つ選んでください。

1 A.V.A.   2 G.I.   3 D.V.A.   4 O.E.M.

Q274 Ontario州のアイスワイン用ブドウのうち、生産量第2位 (2019年) の品
種を1つ選んでください。

1 Cabernet Franc   2 Vidal
3 Syrah   4 Baco Noir

解答	Q270	2	Q271	4	Q272	1	Q273	2	Q274	1

Q275 栽培面積がカナダ最大で、州内のワイン生産量の60%以上を占める特定栽培地区を1つ選んでください。

1 Prince Edward County
2 Fraser Valley
3 Niagara Peninsula
4 Okanagan Valley

32 Argentina

Q276 アルゼンチンに関する記述の中から誤っているものを1つ選んでください。

1 国の西側を南北にのびるアンデス山脈に沿って、直線距離で2,500kmにわたりブドウ畑が広がる
2 降水量に恵まれており、灌漑せず畑に安定して水分を供給できる
3 毎年のように降る雹と、Zondaという強風の被害が大きい
4 世界でも数少ない大陸性（内陸性）気候の巨大なワイン産地である

Q277 次の記述のカッコ内に該当する国名を1つ選んでください。
「新大陸の発見以降、アルゼンチンに伝わったブドウ品種は（　　　）のPalominoの一種である。」

1 ポルトガル
2 スペイン
3 フランス
4 イタリア

Q278 アルゼンチン政府が農事試験場の開設に際し招いた人物を選んでください。

1 エミール・ペイノー
2 ヘルマン・ミュラー
3 ミシェル・エメ・プージェ
4 ジュール・ギヨ

Q279 アルゼンチンの全ブドウ中、栽培面積が第2位（2020年）の品種を1つ選んでください。

1 Malbec
2 Bonarda
3 Cereza
4 Criolla

| 解答 | Q275 | 3 | Q276 | 2 | Q277 | 2 | Q278 | 3 | Q279 | 3 |

Q280 20C初めにイタリア移民がアルゼンチンに持ち込んだとされる、現在はイタリアより栽培面積が大きいブドウ品種を1つ選んでください。

1 Bonarda 2 Pedro Giménez
3 Chenin Blanc 4 Sémillon

Q281 アルゼンチンの原産地統制呼称ワインを1つ選んでください。

1 D.O.C. 2 A.O.P. 3 D.O. 4 A.V.A.

Q282 現在、アルゼンチンの原産地呼称制度で認定されている2地区の組み合わせとして正しいものを1つ選んでください。

1 MaipúとTupungato
2 MaipúとSan Rafael
3 Luján de CuyoとMaipú
4 Luján de CuyoとSan Rafael

Q283 次の記述について正しい場合は1を、誤っている場合は2を選んでください。
「アルゼンチンワイン協会はワイン産地を、Norte、Cuyo、Patagonia、Southの4地域に分けている。」

1 正 2 誤

Q284 Norteに位置し、"Cafayate"を代表産地とする州を1つ選んでください。

1 Salta 2 Catamarca
3 Tucumán 4 San Juan

Q285 "Cafayate"で栽培されるものが、アルゼンチンで最も個性的で高品質と評価されているブドウ品種を1つ選んでください。

1 Torrontés 2 Bonarda
3 Malbec 4 Cabernet Sauvignon

Q286 Mendoza州のサブリージョン "Uco Valley" に位置する生産地区を1つ選んでください。

1 Tupungato 2 San Rafael
3 Maipú 4 Luján de Cuyo

32
アルゼンチン

| 解答 | Q280 | 1 | Q281 | 1 | Q282 | 4 | Q283 | 2 | Q284 | 1 | Q285 | 1 | Q286 | 1 |

Q287 Mendoza州で栽培面積が最大のブドウ品種を1つ選んでください。

1 Bonarda　　2 Tannat　　3 Malbec　　4 Torrontés

Q288 Chubut州が位置するワイン産地を1つ選んでください。

1 Norte　　2 Cuyo　　3 Patagonia　　4 Atlantica

Q289 Patagoniaにおいて、ブドウ栽培地として最も標高が低い州を1つ選んでください。

1 Salta　　2 La Pampa　　3 Neuquén　　4 Río Negro

Q290 次の記述について正しい場合は1を、誤っている場合は2を選んでください。
「Atlanticaは、アルゼンチンワイン協会が2017年に新たに加えたワイン産地で、Mar del Plataの近郊にひらいた新しいブドウ栽培地である。」

1 正　　2 誤

33　Chile

Q291 チリに関する記述の中から誤っているものを1つ選んでください。

1 日本におけるチリワインの輸入量は、2020年は前年比3.2%増で、第1位を維持した
2 地中海性気候で、ブドウの生育期間中は乾燥しているので灌漑が必要である
3 ワイン産地は、南氷洋から北に向かって流れるフンボルト海流の影響を受ける
4 チリワイン法は国立ブドウ栽培醸造研究所 (I.N.V.) が管轄している

| 解答 | Q287 | 3 | Q288 | 3 | Q289 | 4 | Q290 | 1 | Q291 | 4 |

Q292
次の記述のカッコ内に該当する数値の組み合わせとして正しいものを1つ選んでください。
「チリのブドウ栽培地域は、南緯（　a　）度の南北（　b　）kmに広がっている。」

1　(a) 27〜40　(b) 1,400　　　2　(a) 27〜40　(b) 1,800
3　(a) 40〜53　(b) 1,400　　　4　(a) 40〜53　(b) 1,800

Q293
次の記述について正しい場合は1を、誤っている場合は2を選んでください。
「チリはスペインからの独立後、1852年にBordeaux品種の苗木をMaipo ValleyをはじめとしたCentral Valleyの各地に植え付けた。19C後半には、フランスから技術者らを招聘し、本格的なワイン造りが始まった。」

1　正　　　　　　2　誤

Q294
チリの全ブドウ中、栽培面積が第2位(2019年)の品種を1つ選んでください。

1　Chardonnay　　　　　　　2　Cabernet Sauvignon
3　Merlot　　　　　　　　　4　Sauvignon Blanc

Q295
次の記述のカッコ内に該当するブドウ品種を1つ選んでください。
「Carmenèreは長い間（　　　）と混同されていたが、元来Bordeaux地方で栽培されていた黒ブドウ品種である。」

1　Cabernet Sauvignon　　　2　Merlot
3　Cabernet Franc　　　　　4　Petit Verdot

Q296
チリワイン法を管轄している農業省農牧庁の略称を1つ選んでください。

1　S.A.G.　　　2　O.I.V.　　　3　I.N.V.　　　4　T.T.B.

Q297
次の記述のカッコ内に該当する数値を1つ選んでください。
「チリワインでヴィンテージをラベルに表示する場合、当該ブドウを（　　　）％以上使用しなければならない。」

1　75　　　　　　2　80　　　　　　3　85　　　　　　4　90

| 解答 | Q292 | 1 | Q293 | 1 | Q294 | 4 | Q295 | 2 | Q296 | 1 | Q297 | 1 |

Q298 次の記述のカッコ内に該当する語句を1つ選んでください。
「チリワイン法においてチリワインは、"(　　　)種のブドウ果汁を醗酵させたものに限る"などと定義されている。」

1　Vitis Labrusca
2　Vitis Amurensis
3　Vitis Vinifera
4　Vitis Coignetiae

Q299 従来の原産地呼称表記に付記する形で認められた表記ではないものを1つ選んでください。

1　Andes
2　Costa
3　Montaña
4　Entre Cordilleras

Q300 チリの北部で造られる蒸留酒 "Pisco" の主要品種を1つ選んでください。

1　Malbec　　　2　País　　　3　Torrontés　　　4　Moscatel

Q301 D.O.Coquimboに位置しないSubregionを1つ選んでください。

1　Choapa Valley
2　Limarí Valley
3　Huasco Valley
4　Elqui Valley

Q302 やや湿潤な地中海性気候である、チリ最大のブドウ産地を1つ選んでください。

1　San Antonio Valley
2　Aconcagua Valley
3　Maule Valley
4　Casablanca Valley

Q303 D.O.Central Valleyに関する記述について正しい場合は1を、誤っている場合は2を選んでください。
「チリのブドウ栽培が始まった地で、伝統的にはBordeaux系品種とMalbecが栽培されてきたが、最近はテロワールの特徴に合わせた品種の栽培が盛んである。」

1　正　　　　　2　誤

Q304 Cachapoal Valley、Colchagua Valleyという2つのZoneを含むSubregionを1つ選んでください。

1　Rapel Valley
2　Maipo Valley
3　Curicó Valley
4　Maule Valley

| 解答 | Q298 | 3 | Q299 | 3 | Q300 | 4 | Q301 | 3 | Q302 | 3 | Q303 | 2 | Q304 | 1 |

Q305 冷涼湿潤な気候で、Chardonnayが新植され、フレッシュで複雑味のあるワインを生産するSubregionを1つ選んでください。

1　Malleco Valley　　　　2　Bío Bío Valley
3　Itata Valley　　　　　4　Osorno Valley

34　Uruguay

Q306 次の記述について正しい場合は1を、誤っている場合は2を選んでください。
「ウルグアイは地中海性気候で、ワイン産地は南緯20〜25度の間に位置している。」

1　正　　　　　2　誤

Q307 次の記述のカッコ内に該当する語句として適切なものを1つ選んでください。
「1873年、（　　　　　　）がヨーロッパよりブドウの苗木をウルグアイへ持ち帰り、Montevideoで栽培を始めた。」

1　ジェームズ・バズビー　　　2　パスカル・アリアゲ
3　フランシスコ・ヴィディエラ　4　シルベストレ・オチャガビア

Q308 ウルグアイにおけるシノニムが "Harriague" であるブドウ品種を1つ選んでください。

1　Tannat　　2　Folle Noir　　3　Malbec　　4　Bonarda

Q309 ウルグアイで最も多く採用されているブドウ樹の仕立て方を1つ選んでください。

1　棒仕立　　2　株仕立　　3　リラ仕立　　4　垣根仕立

解答　Q305　1　Q306　2　Q307　3　Q308　1　Q309　4

Q 310 ウルグアイ第2のワイン産地を1つ選んでください。

1　Canelones
2　Montevideo
3　Colonia
4　Paysandú

35 Australia

Q 311 オーストラリアに関する記述の中から誤っているものを1つ選んでください。

1　ワイン産地は、国の南半分に当たる南緯31度から43度の間に帯状に分布している
2　現在、中小ワイナリーが、2,000社以上あり、ワイナリー全体の約8割を占めている
3　1788年、英国海軍アーサー・フィリップ大佐によりSouth Australia州にワイン用ブドウ樹が初めて持ち込まれた
4　1825年、ジェームズ・バズビーによってNew South Wales州Hunter Valleyに本格的なブドウ園が開設された

Q 312 オーストラリアのワイン造りで"単一畑主義"と対照的な"ブレンド（組み立て・構築）主義"を代表するPenfolds社の銘柄を1つ選んでください。

1　Grange Hermitage
2　Tahbilk
3　Hill of Grace
4　Henschke

Q 313 2000年ヴィンテージの白ワインから、揃ってスクリューキャップを採用したワイン生産者13社が位置するオーストラリアの産地を1つ選んでください。

1　Barossa Valley
2　Adelaide Hills
3　Eden Valley
4　Clare Valley

| 解答 | Q310 | 2 | Q311 | 3 | Q312 | 1 | Q313 | 4 |

Q 314 オーストラリアにおいてレストランへのワイン持ち込みを意味するシステムを1つ選んでください。

1　BMO　　　　2　YMO　　　　3　BOY　　　　4　BYO

Q 315 1877年にフィロキセラが発見された州を1つ選んでください。

1　Victoria　　　　　　　　　2　New South Wales
3　South Australia　　　　　4　Tasmania

Q 316 1990年代末より、質・量ともにオーストラリアを代表する品種として国内外で知られるようになったブドウ品種を1つ選んでください。

1　Sauvignon Blanc　　　　2　Cabernet Sauvignon
3　Shiraz　　　　　　　　　4　Chardonnay

Q 317 オーストラリアの全ブドウ中、生産量が第2位（2020年）の品種を1つ選んでください。

1　Chardonnay　　　　　　2　Cabernet Sauvignon
3　Shiraz　　　　　　　　　4　Sauvignon Blanc

Q 318 次の記述について正しい場合は1を、誤っている場合は2を選んでください。
「オーストラリアの地理的呼称制度であるG.I.は、1993年に導入され、2020年現在、114ヶ所が定められている。G.I.を決定する権限は、A.G.W.A.が持っている。」

1　正　　　　2　誤

Q 319 オーストラリアワインのラベル表示規制において、ラベルに産地名を表示する際の当該ブドウの最低使用割合を1つ選んでください。

1　75%　　　　2　85%　　　　3　95%　　　　4　100%

Q 320 品種名表示付きブレンドワインで、ラベル表示は含有量の多い順に羅列することが義務付けられている、オーストラリア独自のスタイルのワインを1つ選んでください。

1　Varietal Wine　　　　　2　Assemblage Wine
3　Varietal Blend Wine　　4　Generic Wine

| 解答 | Q314 | 4 | Q315 | 1 | Q316 | 3 | Q317 | 1 | Q318 | 2 | Q319 | 2 | Q320 | 3 |

Q321 オーストラリアのワイン産地をブドウ生産量(2020年)の大きいものから順に並べたものを1つ選んでください。

1 Western Australia→South Australia→Victoria→New South Wales
2 South Australia→New South Wales→Tasmania→Victoria
3 New South Wales→Western Australia→Victoria→Tasmania
4 South Australia→New South Wales→Victoria→Western Australia

Q322 South Australia州南東端にあり、オーストラリアを代表するCabernet Sauvignonの銘醸地の1つで、1890年にジョン・リドックが最初のブドウを植えたG.I.を1つ選んでください。

1 McLaren Vale   2 Langhorne Creek
3 Coonawarra   4 Limestone Coast

Q323 New South Wales州に位置していないG.I.を1つ選んでください。

1 Orange   2 Robe   3 Mudgee   4 Hunter

Q324 MuscatとMuscadelleから造られる酒精強化ワインの産地として有名なG.I.を1つ選んでください。

1 Rutherglen   2 Goulburn Valley
3 Geelong   4 Yarra Valley

Q325 次の記述のカッコ内に該当する語句を1つ選んでください。
「Western Australia州の現在のブドウ栽培の中心は、ファインワインの産地として有名なMargaret Riverと(　　　)である。この2つは、1995年より調査が開始され、世界的にも珍しく科学的な裏付けをもって開発が進んだ産地である。」

1 Geographe   2 Swan District
3 Blackwood Valley   4 Great Southern

35
オーストラリア

| 解答 | Q321 | 4 | Q322 | 3 | Q323 | 2 | Q324 | 1 | Q325 | 4 |

36 New Zealand

Q326

次の記述のカッコ内に該当する数値の組み合わせとして正しいものを1つ選んでください。
「ニュージーランドの国土は南北（ a ）kmにも及び、ワイン産地は南緯35〜45度、北島と南島の2つの島に広がり、主要産地は大きく（ b ）に分けられている。」

1 (a) 1,200 (b) 10 　　 2 (a) 1,200 (b) 13
3 (a) 1,600 (b) 10 　　 4 (a) 1,600 (b) 13

Q327

ニュージーランド最大のワイン産地で、Sauvignon Blancの栽培面積が8割を占める南島の東端に位置する産地を1つ選んでください。

1 Wairarapa 　 2 Gisborne 　 3 Marlborough 　 4 Central Otago

Q328

1819年、NorthlandのKeri Keriに初めてブドウの苗木を移植した人物を選んでください。

1 ジェームズ・バズビー 　　 2 アーサー・フィリップ
3 サミュエル・マースデン 　　 4 ジョン・ウッドハウス

Q329

次の記述について正しい場合は1を、誤っている場合は2を選んでください。
「20C前半、Auckland周辺ではスロヴェニアからの移民により、ワイン造りが発展した。」

1 正 　　　 2 誤

Q330

ニュージーランドの全ブドウ中、栽培面積が第3位（2021年）の品種を1つ選んでください。

1 Pinot Noir 　 2 Chardonnay 　 3 Sauvignon Blanc 　 4 Merlot

Q331

ニュージーランドのワイン生産の基準、ラベル表記などを管理する組織を1つ選んでください。

1 S.A.G. 　　 2 I.N.V. 　　 3 A.G.W.A. 　　 4 N.Z.F.S.A.

| 解答 | Q326 | 3 | Q327 | 3 | Q328 | 3 | Q329 | 2 | Q330 | 2 | Q331 | 4 |

Q332 ニュージーランドワイン法において、ヴィンテージをラベルに表示する際の当該ブドウの最低使用比率を1つ選んでください。

1 65% 2 75% 3 85% 4 95%

Q333 次の記述について正しい場合は1を、誤っている場合は2を選んでください。
「Northlandはニュージーランド最北端に位置し、Whakapirauでニュージーランド初のワイン造りが行われた。」

1 正 2 誤

Q334 日本人が営むクスダ・ワインズが位置する、Wairarapaのサブリージョンを1つ選んでください。

1 Waipara Valley 2 Gradstone
3 Martinborough 4 North Canterbury

Q335 ニュージーランド最東端に位置し、Chardonnayがブドウ栽培の主体であるワイン産地を1つ選んでください。

1 Gisborne 2 Northland 3 Wairarapa 4 Hawke's Bay

Q336 ニュージーランドで唯一半大陸性気候のワイン産地を1つ選んでください。

1 Central Otago 2 Nelson 3 Canterbury 4 Northland

Q337 Aucklandに位置しないサブリージョンを1つ選んでください。

1 Kumeu 2 Matakana 3 Bendigo 4 Waiheke Island

Q338 南島の北西部の端に位置するワイン産地を1つ選んでください。

1 Canterbury 2 Marlborough
3 Waitaki Valley North Otago 4 Nelson

Q339 Central Otagoで、世界的な評価を得ている代表的なブドウ品種を1つ選んでください。

1 Sauvignon Blanc 2 Pinot Noir
3 Merlot 4 Cabernet Sauvignon

| 解答 | Q332 | 3 | Q333 | 2 | Q334 | 3 | Q335 | 1 | Q336 | 1 | Q337 | 3 | Q338 | 4 | Q339 | 2 |

Q340 ニュージーランドで栽培面積が第2位(2021年)のワイン産地を1つ選んでください。

1 Hawke's Bay　　2 Gisborne　　3 Marlborough　4 Central Otago

---

37 South Africa

Q341 南アフリカに関する記述について正しい場合は1を、誤っている場合は2を選んでください。
「海洋性気候で、春から夏にかけて吹くケープドクターと呼ばれる乾燥した北東の強風のおかげで、防虫剤や防カビ剤の量を抑えられる。」

1　正　　　2　誤

Q342 南アフリカにおいて "Steen" と呼ばれるブドウ品種のシノニムを1つ選んでください。

1　Pinot Blanc　　　　　　2　Chenin Blanc
3　Sauvignon Blanc　　　　4　Ugni Blanc

Q343 南アフリカワインに関する記述の中から誤っているものを1つ選んでください。

1　原産地呼称 "W.O." は、Wine of Originの略称である
2　南アフリカワイン法は、1973年に制定され、1993年に現W.O.S.A.により改正された
3　W.O.産地名表示、ヴィンテージ表示、品種名表示はすべてにおいて85%以上を使用していなければならない
4　瓶内二次醗酵のスパークリングワインには "Cap Classique" の文字が表記される

Q344 Coastal Regionに属していないDistrictを1つ選んでください。

1　Stellenbosch　　　　　2　Paarl
3　Robertson　　　　　　4　Swartland

| 解答 | Q340 | 1 | Q341 | 2 | Q342 | 2 | Q343 | 3 | Q344 | 3 |

Q345 白ワイン造りが盛んで、18〜19Cにヨーロッパの王侯貴族に愛された甘口ワインを生産するWardを1つ選んでください。

1 Constantia
2 Durbanville
3 Cape South Coast
4 Breede River Valley

38 Japan

Q346 次の記述のカッコ内に該当する地名を1つ選んでください。
「日本のワイン造りは、現在、北は北海道から南は（　　　）まで、ほとんどの都道府県で行われている。」

1 熊本県　　　2 宮崎県　　　3 鹿児島県　　　4 沖縄県

Q347 "日本ワイン"を造っているワイナリーの数（2021年）を都道府県別に多い順に並べたものを1つ選んでください。

1 長野県→岩手県→北海道→新潟県
2 長野県→山梨県→山形県→北海道
3 山梨県→山形県→長野県→新潟県
4 山梨県→北海道→山形県→岩手県

Q348 すべてのブドウ栽培地が内陸性気候である都道府県を1つ選んでください。

1 北海道　　　2 山形県　　　3 長野県　　　4 新潟県

Q349 次の記述について正しい場合は1を、誤っている場合は2を選んでください。
「現在の勝沼にあたる祝村で、初めての民間ワイナリー "大日本山梨葡萄酒会社" が設立されたのは1927年である。」

1 正　　　　　2 誤

解答	Q345	1	Q346	4	Q347	4	Q348	3	Q349	2

Q350 "マスカット・ベーリーA" や "ブラック・クイーン" などを開発した人物を選んでください。

1 雨宮勘解由　2 山田宥教　　3 川上善兵衛　4 詫間憲久

Q351 ワイン用ブドウ品種に関する記述の中から誤っているものを1つ選んでください。

1 マスカット・ベーリーAは甲州に次いで受入（生産）数量が多く、全体の14.3%を占める（2019年）
2 Merlotの産地として、長野県塩尻市の桔梗ヶ原が有名である
3 2010年、"山幸" がO.I.V.のリストに3つめの日本の品種として掲載された
4 日本においてCabernet Sauvignonの生産数量が最も多いのは山梨県である

Q352 原料用ブドウの受入（生産）数量第3位（2019年）の品種を1つ選んでください。

1 ナイアガラ　2 コンコード　3 メルロ　　4 デラウェア

Q353 次の記述のカッコ内に該当する語句を1つ選んでください。
「DNA解析の結果、甲州にはVitis Viniferaと（　　　　）のDNAが含まれていることが解明された。」

1 Vitis Amurensis　　　　2 Vitis Labrusca
3 Vitis Davidii　　　　　4 Vitis Coignetiae

Q354 北海道の生産数量が日本全体の大半を占めるブドウ品種を1つ選んでください。

1 Kerner　　2 Chardonnay　3 Pinot Noir　4 甲州

Q355 次の記述の中から "X字剪定" に該当するものを1つ選んでください。

1 棚仕立てで、短梢剪定したもの。九州で1990年代以降にひらかれたブドウ園では、この仕立て法が採用されている
2 棚仕立てで、長梢剪定したものであり、日本の伝統的な仕立て方。"甲州" のほとんどに採用されている
3 棚仕立てで、短梢剪定したもの。欧・中東系品種であるChardonnayやMerlotにも採用されている
4 垣根仕立てで、長梢と短梢があり、世界中で広く採用されている

| 解答 | Q350 | 3 | Q351 | 3 | Q352 | 1 | Q353 | 3 | Q354 | 1 | Q355 | 2 |

Q356 酒税法における "果実酒" に関する記述の中から誤っているものを1つ選んでください。

1 果実または果実と水、あるいはこれらに糖類を加え醗酵させたもの
2 アルコール度数20度未満のもので、補糖した場合はアルコール度数15度未満のもの
3 清酒と同じく "醸造酒類" に分類される
4 ブランデー等のアルコールを加える場合は、総アルコール度数の10%を超えたもの

Q357 酒税法において、"甘味果実酒" が属する分類を1つ選んでください。

1 発泡性酒類　　2 醸造酒類　　3 蒸留酒類　　4 混成酒類

Q358 次の記述のカッコ内に該当する数値を1つ選んでください。
「日本ワインにおいて、表示する年に収穫したブドウを（　　　）%以上使用した場合は、収穫年を表ラベルに表示することができる。」

1 75　　　　　2 80　　　　　3 85　　　　　4 90

Q359 日本の地理的表示制度において、ワインについて指定されている産地を1つ選んでください。

1 岩手　　　　2 大阪　　　　3 塩尻　　　　4 甲州

Q360 日本のワイン産地に関する記述の中から誤っているものを1つ選んでください。

1 山梨県の主要ワイン産地の中で、北杜市は2008年に日本初のワイン特区に認定された
2 長野県は2003年に、日本で初めて原産地呼称管理制度を導入した
3 空知地方の余市町は、北海道の主要ワイン産地の1つである
4 山形県は栽培面積日本一のデラウェアの産地である

Q361 北海道で最も生産数量が多いブドウ品種を1つ選んでください。

1 Riesling　　2 Chardonnay　3 Niagara　　4 Kerner

解答	Q356	4	Q357	4	Q358	3	Q359	2	Q360	3	Q361	3

Q362 次の記述のカッコ内に該当する語句を1つ選んでください。
「山形県の置賜地方の（　　　）は、山形随一の伝統的なブドウ産地とされている。」

1　上山市　　　2　赤湯町　　　3　高畠町　　　4　山形市

Q363 "信州ワインバレー構想" のエリア区分にない名称を1つ選んでください。

1　千曲川ワインバレー　　　　　2　桔梗ヶ原ワインバレー
3　日本アルプスワインバレー　　4　伊那ワインバレー

Q364 次の記述について正しい場合は1を、誤っている場合は2を選んでください。
「甲州市、山梨市、北杜市を含む甲府盆地東部は、日本のワイン造り発祥の地で、県内の約80軒のワイナリーのうち4割以上が位置している。」

1　正　　　　　2　誤

Q365 日本人の成人1人当たりのワイン（果実酒＋甘味果実酒）の消費量（2019年度）を1つ選んでください。

1　2.67L/年　　　2　3.67L/年　　　3　4.67L/年　　　4　5.67L/年

39　テイスティング

Q366 標準的なテイスティングでの、ロゼワインの適温を1つ選んでください。

1　6〜8℃　　　2　8〜10℃　　　3　10〜12℃　　　4　12〜14℃

Q367 標準的なテイスティングを行うとき、望ましい条件として誤っているものを1つ選んでください。

1　室温18〜22℃、湿度60〜70%
2　時間帯は日没後に行う
3　白のテーブルかクロスを使用する
4　心身ともに良好を保つ

| 解答 | Q362 | 2 | Q363 | 4 | Q364 | 2 | Q365 | 2 | Q366 | 3 | Q367 | 2 |

Q368

次の記述について正しい場合は1を、誤っている場合は2を選んでください。
「テイスティングでは、まず最初にグラスを回し、揮発しにくい香りを確認できるようにする。」

1 正　　　　2 誤

Q369

ワインの外観に関する記述の中から正しいものを1つ選んでください。

1 清澄度でワインの健全度を確認する。やや濁っているか、混濁し輝きを失っている場合は異常がある
2 輝きは酸度と密接に関係するが、酸の豊富なワインが常に強い輝きを放つとは限らない
3 熟成した白ワインでは、色調が黄金色から琥珀色となる
4 泡立ちはワインのアルコール度数、グリセリンの量に関係する

Q370

ワインテイスティング用語で、"Arômes Secondaires（第二アロマ）"に分類されないものを1つ選んでください。

1 キャンディ　　2 吟醸香　　　3 バナナ　　　4 キノコ

Q371

ワインの味わいにヴォリューム感、刺激性を与えるものを1つ選んでください。

1 アルコール　2 渋味　　　　3 アタック　　4 ボディ

Q372

ワインに含まれるアロマ化合物で、"花香"に分類されないものを1つ選んでください。

1 β-Ionone　2 Linalool　　3 Rotundone　4 Geraniol

Q373

白ワインの官能表現チャートにおいて、"シャープな"とは何の要素を指すか1つ選んでください。

1 酸味　　　　2 甘味　　　　3 収斂性　　　4 苦味

| 解答 | Q368 | 2 | Q369 | 3 | Q370 | 4 | Q371 | 1 | Q372 | 3 | Q373 | 1 |

Q374

次の記述について正しい場合は1を、誤っている場合は2を選んでください。
「赤ワインの官能表現チャートで、酸味は "シルキーな"、"固い"、"刺すような"といった言葉で表現される。」

1　正　　　　　2　誤

Q375

"菩提樹" を意味するワインテイスティング用語を1つ選んでください。

1　Agrumes / Citrus Fruit　　　　2　Tilleul / Linden
3　Réglisse / Licorice　　　　　　4　Cèdre / Cedar

40　ワインと料理

Q376

次の記述について正しい場合は1を、誤っている場合は2を選んでください。
「ワインと料理の組み合わせの基本として、シンプルな調理法の料理にはあえて複雑なワインを合わせる。」

1　正　　　　　2　誤

Q377

フランスの地方料理 "Cannelé" と最も相性が良いワインを、その地方性も考慮し、1つ選んでください。

1　Champagne　　2　Mâcon Blanc　3　Sauternes　　4　Vin Jaune

Q378

Val de Loireの地方料理ではないものを1つ選んでください。

1　Rillettes de Tours　　　　　2　Brochet au Beurre Blanc
3　Tarte Tatin　　　　　　　　4　Brandade de Morue

Q379

"Baeckeoffe"はフランスのどこの地方料理か1つ選んでください。

1　Bordeaux　　2　Alsace　　　3　Bourgogne　　4　Sud-Ouest

| 解答 | Q374 | 2 | Q375 | 2 | Q376 | 2 | Q377 | 3 | Q378 | 4 | Q379 | 2 |

Q380 フランスの地方料理 "Bouillabaisse" と最も相性が良いワインを、その地方性も考慮し、1つ選んでください。

1 Muscadet
2 Alsace Blanc
3 Cassis Blanc
4 Languedoc Blanc

Q381 Veneto州の地方料理ではないものを1つ選んでください。

1 Baccalà alla Vicentina
2 Sarde in Saor
3 Goulash
4 Risi e Bisi

Q382 イタリアの地方料理 "Pollo alla Romana" と最も相性が良いワインを、その地方性も考慮し、1つ選んでください。

1 Frascati Secco
2 Taurasi
3 Sangiovese di Romagna
4 Torgiano Rosso

Q383 Sicilia州の地方料理を1つ選んでください。

1 Polpo alla Luciana
2 Farsumagru
3 Orecchiette con Cima di Rapa
4 Aragosta Arrosta

Q384 "Gazpacho" はスペインのどこの地方料理か1つ選んでください。

1 Navarra   2 Valencia   3 Andalucía   4 Islas Baleares

Q385 ドイツの伝統的な食文化である "地元産のハムとチーズの盛り合わせ" を意味するドイツ語を1つ選んでください。

1 Winzervesper   2 Eisbein   3 Sauerbraten   4 Hering

| 解答 | Q380 | 3 | Q381 | 3 | Q382 | 1 | Q383 | 2 | Q384 | 3 | Q385 | 1 |

41 チーズ

Q386

次の記述について正しい場合は1を、誤っている場合は2を選んでください。
「日本では公衆衛生法に基づく法令で、"チーズとはナチュラルチーズ及びプロセスチーズをいう"と定義されている。」

1　正　　　　　2　誤

Q387

チーズに関する記述の中から誤っているものを1つ選んでください。

1　チーズはメソポタミア文明で誕生したと考えられている
2　ギリシャ軍の兵士たちは、"パンを焼き、ワインを飲み、チーズを食べる"ギリシャ式の食習慣を広めた
3　中世のチーズ造りは、修道院が大きな役割を果たした
4　"ブリ"や"ロックフォール"は上流階級、王侯貴族に愛されたチーズとして知られる

Q388

次の記述のカッコ内に該当する語句を1つ選んでください。
「若い状態の白カビチーズは全体が白いカビでおおわれるが、熟成が進むと、白カビ菌が分解したタンパク質がさらに熟成して（　　　）が生成される。」

1　カロテン　　　　　　　　　2　脂肪分解酵素
3　アンモニア　　　　　　　　4　ペニシリウム・ロックフォルティ

Q389

次の記述に該当するチーズのタイプを1つ選んでください。
「イタリアのモッツァレッラに代表されるタイプで、カードからホエイを排出させ、堆積したカードを醗酵させた後、細かく裁断し、お湯をかけて練って引き伸ばして造るチーズ。」

1　フレッシュタイプ　　　　　2　ウォッシュタイプ
3　シェーヴルタイプ　　　　　4　パスタフィラータタイプ

Q390

1952年、主要チーズ生産国8ヶ国によって締結された協定を1つ選んでください。

1　シェンゲン協定　　　　　　2　ストレーザ協定
3　ハーグ協定　　　　　　　　4　フロマージュ協定

| 解答 | Q386 | 2 | Q387 | 2 | Q388 | 3 | Q389 | 4 | Q390 | 2 |

Q391 "伝統的なレシピや製法に基づいて製造された製品であることを保証"するEUの伝統的特産品保証の略称を1つ選んでください。

1　Organic Farming　　　　　2　P.D.O.
3　P.G.I.　　　　　　　　　　4　T.S.G.

Q392 フランスのA.O.C.（現A.O.P.）認可チーズの条件として誤っているものを1つ選んでください。

1　原料乳の種類、産出地域　　2　製造地域と製造方法
3　熟成地域と熟成期間　　　　4　形、重量、外皮、塩分

Q393 保管において、"チーズの表面が乾いて白くなってきた場合は、塩水やお酒などで表面に湿り気を与えるとよい"とされるチーズのタイプを1つ選んでください。

1　青カビタイプ　　　　　　2　シェーヴルタイプ
3　フレッシュタイプ　　　　4　ウォッシュタイプ

Q394 フランスのA.O.P.チーズで、Vallée du Rhôneで生産されているものを1つ選んでください。

1　Livarot　　2　Brie de Meaux　　3　Tête de Moine　　4　Picodon

Q395 イタリアのD.O.P.チーズで、牛乳を原料として造られていないものを1つ選んでください。

1　Fontina　　2　Piave　　　　3　Pecorino Toscano　4　Ragusano

42　ワインの購入・保管・熟成・販売

Q396 次の記述について正しい場合は1を、誤っている場合は2を選んでください。
「二炭酸ジメチルは殺菌料としてワインに添加することができ、ワイン1kgあたりの使用規制は0.35g以下である。」

1　正　　　　　　2　誤

解答	Q391	4	Q392	4	Q393	4	Q394	4	Q395	3	Q396	2

Q397

貿易条件（輸入取引条件）において、以下の記述に該当する略称を1つ選んでください。

「輸出地における輸出通関後の指定場所等で、輸入者が指定した運送人に貨物を引渡す条件。」

1　FOB　　　　2　FCA　　　　3　CFR（C&F）　4　CIF

Q398

次の記述のカッコ内に該当する数値の組み合わせとして正しいものを1つ選んでください。

「40フィートサイズコンテナの場合、リーファーコンテナであれば（　a　）c/s、ドライコンテナであれば（　b　）c/sの輸送が可能である。」

1　(a) 600　　(b) 1,000 ～ 1,200　　2　(a) 600　　(b) 1,200 ～ 1,300
3　(a) 800　　(b) 1,000 ～ 1,200　　4　(a) 800　　(b) 1,200 ～ 1,300

Q399

ワインを輸入する際に必要な書類 "B/L" の意味を1つ選んでください。

1　船荷証券　　　　　　　　　　2　納品書兼請求書
3　分析証明書　　　　　　　　　4　貨物海上保険証券

Q400

輸入ワインのボトルステッカーの記載事項で表示義務のないものを1つ選んでください。

1　原産国名　　2　輸入者住所　　3　有機等の表示　　4　引取先

Q401

ワインの理想的な保存条件に関する記述の中から誤っているものを1つ選んでください。

1　デイセラーの場合、赤ワインの保管温度は15℃前後
2　暗所に置き、光は必要なときのみ白熱電灯を点灯
3　振動は避け、異臭のあるものと一緒に保管しない
4　コルク栓のワインはラベルを正面に向け、立てておく

Q402

ワインの熟成のスピードに関する記述の中から正しいものを1つ選んでください。

1　有機酸の量が多いほど、熟成は早くなる
2　残存糖分の量が多いほど、熟成は早くなる
3　アルコール度数が高いほど、熟成は遅くなる
4　糖以外のエキス分の量が多いほど、熟成は早くなる

解答	Q397	2	Q398	4	Q399	1	Q400	3	Q401	4	Q402	3

Q403 あるレストランの1ヶ月間の飲料売り上げが1,000万円、前月棚卸在庫金額が500万円、当月仕入金額が300万円、当月棚卸在庫金額が350万円、他部署への振替金額が35万円、社用金額が10万円、破損金額が5万円である場合の原価率を1つ選んでください。

1　25%　　　　　2　30%　　　　　3　35%　　　　　4　40%

Q404 次の記述について正しい場合は1を、誤っている場合は2を選んでください。
「酒税法による酒類の定義は "アルコール分1度以上の飲料" で、すべての酒類は、発泡性酒類、醸造酒類、蒸留酒類、混成酒類の4つに大別される。」

1　正　　　　　2　誤

Q405 2019年の課税数量で、割合が2番目に高かった酒類を1つ選んでください。

1　発泡酒　　　2　ビール　　　3　リキュール　　4　果実酒

43　ソムリエの職責とサービス実技

Q406 ワインの温度を下げたときに感じる味わいの変化として正しいものを1つ選んでください。

1　熟成感、複雑性が高まる
2　甘味が強くなる
3　バランスがよりスマートになる
4　苦味、渋味がより快適な印象となる

Q407 "Champagne Grande Cuvée" の供出温度として、適温とされるものを1つ選んでください。

1　6〜8℃　　　　2　8〜12℃　　　3　12〜14℃　　　4　14〜16℃

Q408 供出温度の適温を "14〜16℃" とするワインを1つ選んでください。

1　Vin Jaune　　　　　　　　2　Port (Vintage)
3　Bordeaux Rouge　　　　　4　Bourgogne Rouge

| 解答 | Q403 | 4 | Q404 | 1 | Q405 | 2 | Q406 | 3 | Q407 | 2 | Q408 | 1 |

Q409 "ワインは開栓後3時間までは物理的変化なし"と発表した、現代醸造学の祖といわれる醸造学者を選んでください。

1 アンドレア・バッチ　　　　　2 エミール・ペイノー
3 ジョセフ・ルイ・ゲイリュサック　　4 ヘルマン・ミュラー

Q410 空気接触の効果に関する記述の中から誤っているものを1つ選んでください。

1 第二アロマが下がる　　　　　2 渋味が心地よい印象となる
3 複雑性が強まる　　　　　　　4 樽香が弱まる

Q411 ワインのサービス手順に関する記述の中から誤っているものを1つ選んでください。

1 注文されたワインをワインクーラーで適温まで冷やす
2 ホストのテイスティングののち、ゲスト、ホストの順でサービスする
3 スパークリングワインは開栓時に音を出すのが望ましい
4 リンスの目的はカルキ臭除去とよごれ落としである

Q412 Apéritifに関する記述について正しい場合は1を、誤っている場合は2を選んでください。
「生理的には胃を刺激して食欲を増進させるとともに消化も促進する。酸味や甘味を含んだもの、苦味がほどよく抑えられているもの、アルコール分が比較的軽いものなどが求められる。」

1 正　　　　　2 誤

Q413 食後酒としても提供される"Eaux-de-Vie"を1つ選んでください。

1 Pommeau　　　　　2 Grand Marnier
3 Chartreuse　　　　4 Marc

Q414 Champagneのボトルサイズ"Mathusalem"の容量を1つ選んでください。

1 3,000 mL　　2 4,500 mL　　3 6,000 mL　　4 9,000 mL

Q415 ワインの温度に関する用語で、"Frais"に該当する温度帯を1つ選んでください。

1 4〜6℃　　2 6〜12℃　　3 12〜16℃　　4 16〜18℃

| 回答 | Q409 | 2 | Q410 | 4 | Q411 | 3 | Q412 | 2 | Q413 | 4 | Q414 | 3 | Q415 | 3 |

44 日本酒・焼酎

Q 416 日本酒に関する記述の中から誤っているものを1つ選んでください。

1 酒税法には"日本酒"という表記はなく、"清酒"に統一されている
2 定義の1つに、"清酒に清酒粕を加えて漉したもの"がある
3 アルコール分はいずれも24度未満でなければならない
4 長期熟成酒(熟成古酒)もある

Q 417 "ひやおろし"が多く出荷される時期を1つ選んでください。

1 3〜5月　　　2 6〜8月　　　3 9〜11月　　　4 12〜2月

Q 418 日本酒にうまみやコクを与えるアミノ酸を1つ選んでください。

1 乳酸　　　　2 コハク酸　　　3 グルコン酸　　　4 グルタミン酸

Q 419 酵母に関する記述の中から正しいものを1つ選んでください。

1 "清酒酵母"は、サッカロマイセス属"サッカロマイセス・セレヴィシエ"の一種に分類される
2 米に含まれる"デンプン"は、酵母により"ブドウ糖"に分解される
3 日本酒の醪の醗酵温度は4〜8℃と低温だが、これは糖化と醗酵のバランスをとるためである
4 農林水産省では、優良酵母として、数十種の"きょうかい酵母"を頒布している

次の記述について正しい場合は1を、誤っている場合は2を選んでください。

Q 420 「"上槽"とは、醗酵を終えた醪を搾ること。伝統的な日本酒造りでは、酒袋に入れた醪を"槽"または"酒槽"と呼ばれる細長い箱に並べて搾るため、この言葉が使われてきた。」

1 正　　　　　2 誤

| 解答 | Q416 | 3 | Q417 | 3 | Q418 | 4 | Q419 | 1 | Q420 | 1 |

Q421 酒母に関する記述の中から誤っているものを1つ選んでください。

1　酒母づくりでは、糖分をアルコールと炭酸ガスに変換する役割を果たす"酵母"を大量に純粋培養する
2　良い酒母は酵母にだけ都合のよい酸性の環境を保つため"乳酸"を必要分含有している
3　"乳酸"をどう得るかで、酒母は大きく"生酛系酒母"と"山廃系酒母"に分けられる
4　生酛系酒母づくりは、自然の乳酸菌が生成する乳酸によって雑菌の汚染を防ぐ酵母培養法である

Q422 次の記述に該当する酒造好適米を1つ選んでください。
「長野県農事試験場で開発された酒造好適米で、大粒で豊満、心白発現率が高い。耐冷性が高いため主に東日本に栽培が広がっている。」

1　山田錦　　　2　五百万石　　　3　美山錦　　　4　雄町

Q423 酒造用水の条件に関する記述の中から誤っているものを1つ選んでください。

1　無色透明で味やにおいに異常がないこと
2　pHは中性あるいは微アルカリ性がよい
3　醸造に有害な成分のカルシウム、ナトリウムの含有量が少ないこと
4　カリウム、リン、マグネシウムなどの成分を適度に含む水がよい

Q424 次の記述のカッコ内に該当する数値の組み合わせとして正しいものを1つ選んでください。
「日本酒は原酒のアルコール度数が（　a　）度前後と高いので、飲みやすくするために割水をする。通常、アルコール度数が（　b　）度前後になるよう、主に仕込みと同じ水が使われる。」

1　(a) 20　(b) 13～14　　　　2　(a) 20　(b) 15～16
3　(a) 25　(b) 13～14　　　　4　(a) 25　(b) 15～16

Q425 "純米大吟醸酒"の精米歩合に該当するものを1つ選んでください。

1　40%以下　　　2　50%以下　　　3　60%以下　　　4　70%以下

| 解答 | Q421 | 3 | Q422 | 3 | Q423 | 3 | Q424 | 2 | Q425 | 2 |

Q426 次の記述について正しい場合は1を、誤っている場合は2を選んでください。
「単式蒸留焼酎が初めて日本で造られたのは、16Cの鹿児島である。」

1 正　　　　2 誤

Q427 "常圧蒸留" で焼酎を蒸留するとき醪の沸騰温度として適当なものを1つ選んでください。

1 25〜35℃　　2 45〜55℃　　3 65〜75℃　　4 85〜95℃

Q428 球磨焼酎の原料として正しいものを1つ選んでください。

1 大麦　　　　2 黒麹　　　　3 米　　　　4 サツマイモ

Q429 泡盛の醪の中で大量に産出される酸を次の中から1つ選んでください。

1 酒石酸　　　2 乳酸　　　　3 クエン酸　　4 コハク酸

Q430 本格焼酎で地理的表示 (G.I.) として定められている地名を1つ選んでください。

1 対馬　　　　2 天草　　　　3 奄美　　　　4 琉球

45　酒類飲料概論

Q431 次の記述のカッコ内に該当する語句を1つ選んでください。
「ビールの主原料は、(　　　) の麦芽、ホップ、水である。」

1 一条大麦　　2 二条大麦　　3 六条大麦　　4 ライ麦

| 解答 | Q426 | 2 | Q427 | 4 | Q428 | 3 | Q429 | 3 | Q430 | 4 | Q431 | 2 |

Q432 ビールに関する記述の中から誤っているものを1つ選んでください。

1 アルトはドイツ・アインベック発祥で、下面醗酵である
2 トラピストはベルギー発祥で、上面醗酵である
3 エールはイギリスで発展したビールで、上面醗酵である
4 スタウトはイギリス発祥で、上面醗酵である

Q433 小麦麦芽を使用し、苦味の少ないビールの名前を1つ選んでください。

1 ピルスナー　2 ボック　　3 ランビック　4 バイツェン

Q434 "大麦麦芽のみを原料とし、単式蒸留器で通常2回蒸留" して造られる Whiskyを1つ選んでください。

1 Malt Whisky　　　　　2 Grain Whisky
3 Blended Whisky　　　 4 Cereal Whisky

Q435 Whiskyに関する記述について正しい場合は1を、誤っている場合は2を 選んでください。
「製造工程において、Malt Whiskyはディスティラーズ酵母のみを使い、 Grain Whiskyではディスティラーズ酵母とブリュワーズ酵母を使う。」

1 正　　　　　2 誤

Q436 ブランデーに関する記述の中から正しいものを1つ選んでください。

1 ブランデーとは、"果実もしくは果実及び水を原料として醗酵させた アルコール含有物、または果実酒（かすを含む）を酒精強化したもの" である
2 Eaux-de-Vie de Vinとは、シードルを蒸留したものである
3 イタリアのGrappaは、Eaux-de-Vie de Marcのことである
4 Eaux-de-Vie de Fruitsは、梨以外のフルーツ・ブランデーのこと である

Q437 次の記述に該当するCognacの生産地区を1つ選んでください。
「Cognacの生産地区の中で、栽培面積が最大で、粘土を含む石灰質土 壌。」

1 Fins Bois　　　　　　2 Bois Ordinaires
3 Grande Champagne　 4 Borderies

酒類飲料概論

45

| 解答 | Q432 | 1 | Q433 | 4 | Q434 | 1 | Q435 | 2 | Q436 | 3 | Q437 | 1 |

Q438 Armagnacに関する記述の中から正しいものを1つ選んでください。

1 砂質土壌で最高品質の生産地区はArmagnac-Ténarèzeである
2 単式蒸留器で1回蒸留が伝統的な生産方法である
3 Gers県、Landes県、Lot-et-Garonne県の3県の限られた地帯で造られている
4 Vintage Armagnacとは、その年に収穫したブドウのみで造られ、5年以上熟成させたものである

Q439 "蒸留後3ヶ月以上ステンレスタンクなど不活性の容器で熟成し、色を付けないArmagnac"のA.O.C.を1つ選んでください。

1 Bas-Armagnac
2 Armagnac
3 Haut-Armagnac
4 Blanche Armagnac

Q440 Calvadosに関する記述について正しい場合は1を、誤っている場合は2を選んでください。
「Calvadosは単式蒸留器でCidre、Poiréを2回蒸留して造られ、Poiréは30%以内で混合できる。」

1 正
2 誤

Q441 Calvadosの原料となるリンゴの品種名ではないものを1つ選んでください。

1 Saint Martin
2 Duret
3 Acidulée
4 Saint Aubin

Q442 紫色のプラムを原料とするEaux-de-vie de Fruitsを1つ選んでください。

1 Eaux-de-Vie de Cerise
2 Eaux-de-Vie de Framboise
3 Eaux-de-Vie de Mirabelle
4 Eaux-de-Vie de Quetsche

Q443 "穀物を原料とし蒸留したものにボタニカルを加え再度蒸留"して造られるジンのタイプを1つ選んでください。

1 シュタインヘーガー
2 ドライ・ジン
3 ジュネバ
4 ズブロッカ

解答	Q438	3	Q439	4	Q440	1	Q441	3	Q442	4	Q443	3

Q444 次の記述のカッコ内に該当する語句を1つ選んでください。
「ウォッカは、トウモロコシ・小麦・大麦などの穀類、およびジャガイモなどのイモ類を原料としたスピリッツを（　　　　）で濾過したものである。」

1 備長炭　　　2 白樺炭　　　3 菊炭　　　4 黒炭

Q445 Tequilaの主原料となるものを1つ選んでください。

1 サトウキビ　　　　　　　2 トウモロコシ
3 ジャガイモ　　　　　　　4 ブルー・アガベ

Q446 "Crème de Cassis" の糖分含有量を1つ選んでください。

1 250g/L以上　　　　　　2 300g/L以上
3 350g/L以上　　　　　　4 400g/L以上

Q447 Absintheの主原料を1つ選んでください。

1 アニス種子　　2 ニガヨモギ　　3 ジャンシアンの根　　4 オレンジの果皮

Q448 中国酒に関する記述について正しい場合は1を、誤っている場合は2を選んでください。
「中国の白酒は、糯米を原料とした醸造酒で製造方法も様々である。白酒を貯蔵、熟成させたものは老酒（ラオチュウ）と呼ばれる。」

1 正　　　　　2 誤

Q449 1815年にアメリカ南部で生まれた赤ワインベースのカクテルを1つ選んでください。

1 グリュー・ヴァイン　　　　2 ミント・ジュレップ
3 マルド・エール　　　　　　4 シンデレラ

Q450 WHOの基準で "非常な硬水" に分類している硬度を1つ選んでください。

1 60以上　　　　　　　　　2 120以上
3 180以上　　　　　　　　　4 240以上

酒類飲料概論

45

解答	Q444	2	Q445	4	Q446	4	Q447	2	Q448	2	Q449	2	Q450	3

46 地図(図)問題

Q451 地図(1)の中から、V.D.L.の"Pineau des Charentes"を生産している地方を1つ選んでください。

1. 1   2. 2   3. 3   4. 4

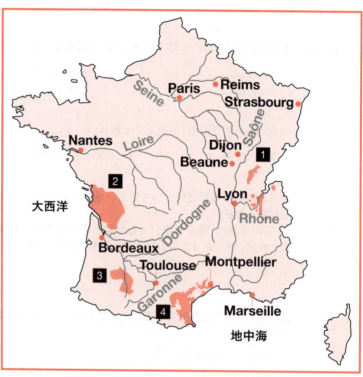

地図(1) France

解答 Q451　2

Q452 地図 (2) の中から、"Le Mesnil-sur-Oger" を1つ選んでください。

1 ■1   2 ■2   3 ■3   4 ■4

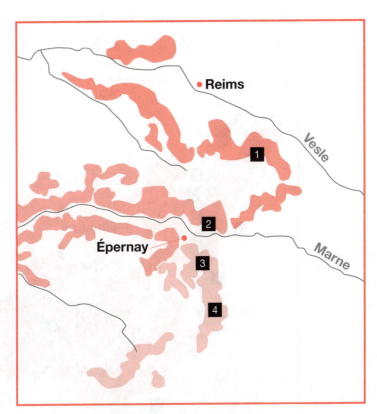

地図 (2) Champagne Grands Crus

解答 Q452 4

Q453 地図(3)の中から、"Pauillac"を1つ選んでください。

1 ■1   2 ■2   3 ■3   4 ■4

Q454 地図(3)の中から、"Sauternes"を1つ選んでください。

1 ■5   2 ■6   3 ■7   4 ■8

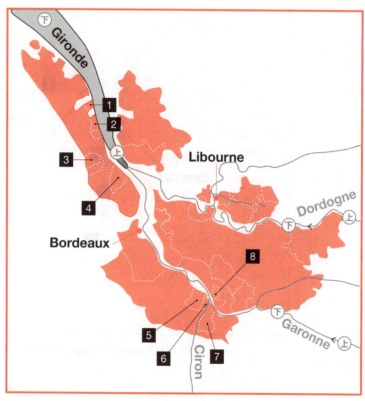

地図(3) Bordeaux

解答 Q453 2 Q454 3

Q455 地図(4)の中から、"Les Clos"を1つ選んでください。

1 ■   2 ■   3 ■   4 ■

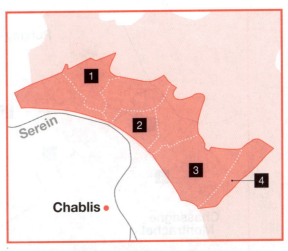

地図(4) Chablis Grands Crus

Q456 地図(5)の中から、"Chambertin"を1つ選んでください。

1 ■   2 ■   3 ■   4 ■

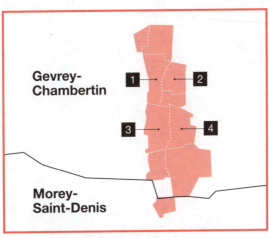

地図(5) Côte de Nuits Grands Crus

| 解答 | Q455 | 3 | Q456 | 3 |

Q457　地図(6)の中から、"Bâtard-Montrachet"を1つ選んでください。

1 ■1　　2 ■2　　3 ■3　　4 ■4

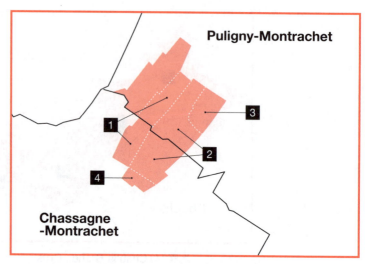

地図(6) Côte de Beaune Grands Crus

Q458 地図 (7) の中から、生産可能色が他の3つと異なるA.O.C.を1つ選んでください。

1 ■ 2 ■ 3 ■ 4 ■

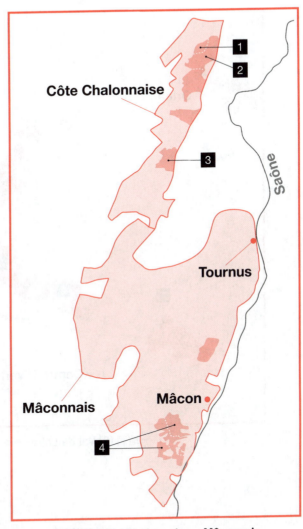

地図 (7) Côte Chalonnaise – Mâconnais

解答 Q458 2

Q459

地図(8)の中から、生産可能色が他の3つと異なるA.O.C.を1つ選んでください。

1 ■1   2 ■2   3 ■3   4 ■4

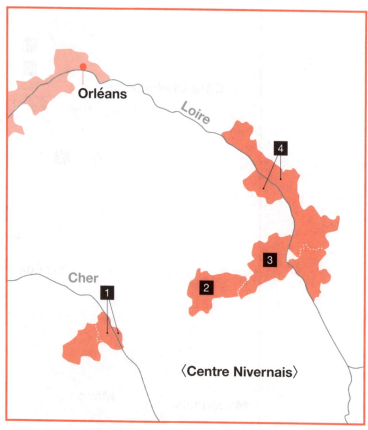

地図(8) Val de Loire

解答 Q459 ｜ 1

Q460 地図(9)の中から、Syrah100%からの赤ワインのみ生産が認められているA.O.C.を1つ選んでください。

1 ①   2 ②   3 ③   4 ④

地図(9) Vallée du Rhône

解答 Q460 4

Q461 地図(10)の中から、Vosges山脈の位置として正しいものを1つ選んでください。

1 ■1   2 ■2   3 ■3

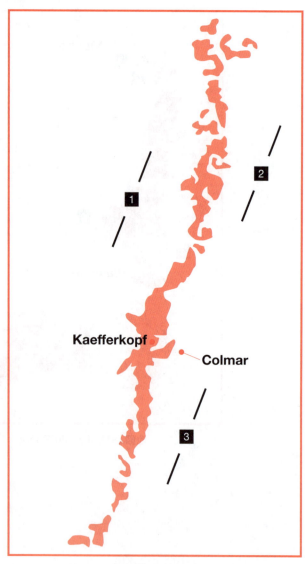

地図(10) Alsace

解答 Q461 1

Q462　地図(11)の中から、Louis Pasteurのゆかりの地を1つ選んでください。

1　■1　　2　■2　　3　■3　　4　■4

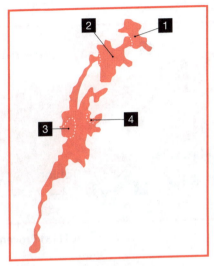

地図(11) Jura

Q463　地図(12)の中から、"Irouléguy"を1つ選んでください。

1　■1　　2　■2　　3　■3　　4　■4

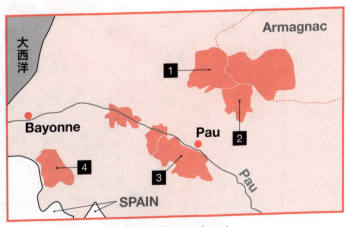

地図(12) Sud-Ouest

| 解答 | Q462 | 2 | Q463 | 4 |

Q464 地図 (13) の中から、Mourvèdre主体の赤ワインで有名なA.O.C.を1つ選んでください。

1 ■1　　2 ■2　　3 ■3　　4 ■4

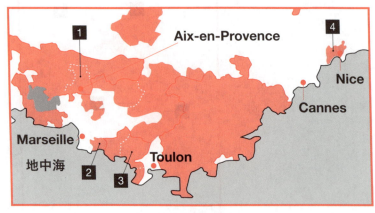

地図 (13) Provence

Q465 地図 (14) の中から、"Carcassonne" を1つ選んでください。

1 ■1　　2 ■2　　3 ■3　　4 ■4

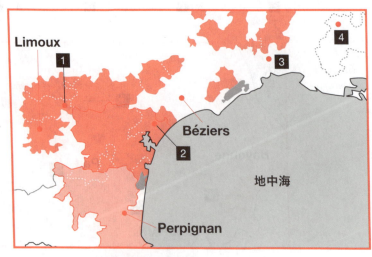

地図 (14) Languedoc-Roussillon

解答　Q464　3　Q465　1

Q466　地図 (15) の中から、ワイン生産量第3位 (2020年) の州を1つ選んでください。

1　5　　　2　7　　　3　18　　　4　20

Q467　地図 (15) の中から、"Sforzato" という陰干しブドウから造られた辛口ワインを生産する州を1つ選んでください。

1　2　　　2　3　　　3　4　　　4　5

Q468　地図 (15) の中から、Limoncello発祥の地として有名な州を1つ選んでください。

1　2　　　2　5　　　3　9　　　4　12

Q469　次の (A)、(B)、(C)、(D) のワインを生産する州を、地図 (15) の 1 ～ 20 の中から1つずつ選んでください。

(A) Ghemme
(B) Ramandolo
(C) Cinque Terre
(D) Vernaccia di Oristano

地図 (15) Italy

解答　Q466　2　Q467　2　Q468　4　Q469　A: 2　B: 6　C: 8　D: 19

Q470 地図(16)の中から、D.O.C.G.Nizzaを1つ選んでください。

1 ■1　　2 ■2　　3 ■3　　4 ■4

Q471 地図(16)の中から、D.O.C.G.Barbarescoを1つ選んでください。

1 ■5　　2 ■6　　3 ■7　　4 ■8

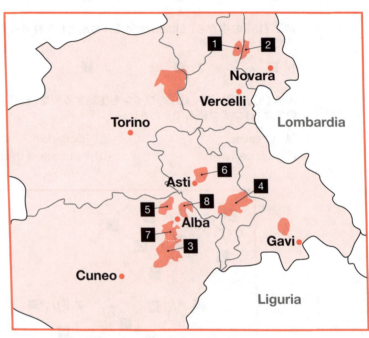

地図(16) Piemonte

Q472　地図(17) 1 のD.O.C.G.名を1つ選んでください。

1　Bardolino Superiore
2　Recioto di Gambellara
3　Montello Rosso
4　Piave Malanotte

Q473　地図(17)の中から、D.O.C.G.Lisonを1つ選んでください。

1　2　　2　3　　3　4　　4　5

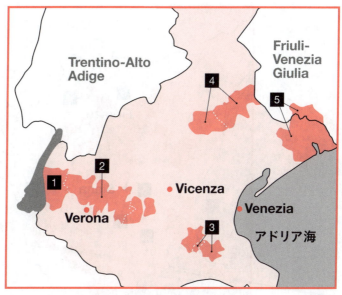

地図(17) Veneto

| 解答 | Q472 | 1 | Q473 | 4 |

Q474　地図（18）の中から、D.O.C.Bolgheriを1つ選んでください。

1　■1　　2　■2　　3　■3　　4　■4

Q475　地図（18）の中から、Sangioveseを"Brunello"と呼ぶ産地を1つ選んでください。

1　■5　　2　■6　　3　■7　　4　■8

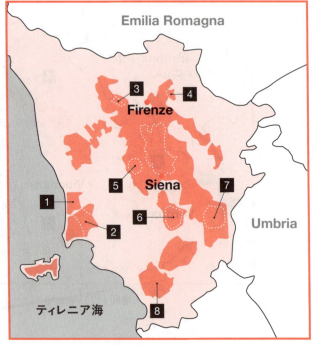

地図（18）Toscana

Q476 地図(19) 1 の産地名を1つ選んでください。

1　Ribera del Duero　　　2　Rioja
3　Somontano　　　　　4　Rueda

Q477 地図(19)の中から、D.O.Penedèsを1つ選んでください。

1　2　　　2　3　　　3　4　　　4　5

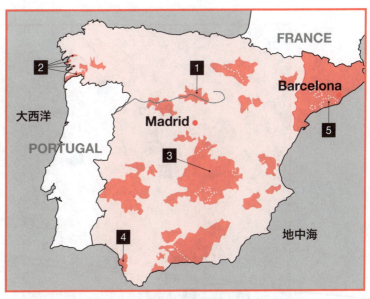

地図(19) Spain

| 解答 | Q476 | 1 | Q477 | 4 |

Q478 地図（20）の中から、"グリーンのワイン"を意味する名前の産地を1つ選んでください。

1 ■1 2 ■2 3 ■3 4 ■4

Q479 地図（20）の中から、生産量の80%がTouriga Nacionalを主体とした赤ワインである産地を1つ選んでください。

1 ■5 2 ■6 3 ■7 4 ■8

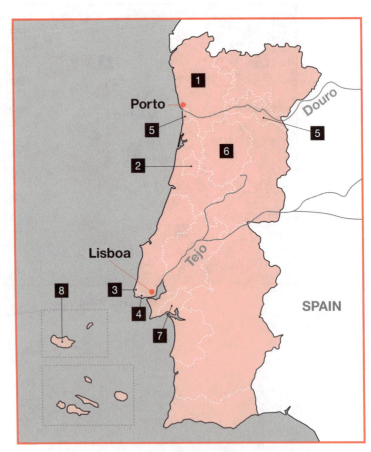

地図（20）Portugal

解答 Q478　1　Q479　2

Q480　地図 (21) 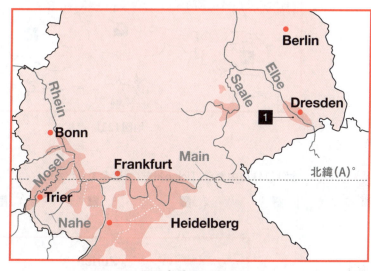 の産地名を1つ選んでください。

　　　1　Baden　　　2　Württemberg　　　3　Franken　　　4　Sachsen

Q481　地図 (21) の北緯 (A) に該当する数値を1つ選んでください。

　　　1　46　　　2　48　　　3　50　　　4　52

地図 (21) Germany

Q482　地図 (22) の中から、"Heurige" で有名な州を1つ選んでください。

　　　1　■1　　　2　■2　　　3　■3　　　4　■4

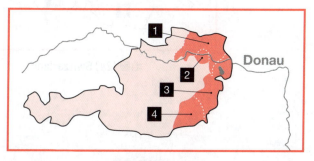

地図 (22) Austria

解答　Q480　4　Q481　3　Q482　2

Q483　地図 (23) の中から、ハンガリーを1つ選んでください。

1 ■1　　2 ■2　　3 ■3　　4 ■4

地図 (23)

Q484　地図 (24) の中から、Ticino州を1つ選んでください。

1 ■1　　2 ■2　　3 ■3　　4 ■4

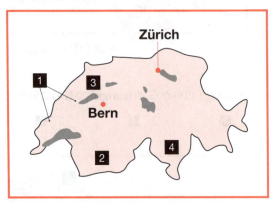

地図 (24) Switzerland

| 解答 | Q483 | 4 | Q484 | 4 |

Q485　地図 (25) の中から、スロヴェニア最大の生産地域を1つ選んでください。

　　1 ■1　　　2 ■2　　　3 ■3

Q486　地図 (25) の中から、クロアチアの ■4 の産地名を1つ選んでください。

　　1　Hrvatska Istra　　　　2　Hrvatsko Podunavlje
　　3　Plešivica　　　　　　　4　Zagorje-Medimurje

Q487　地図 (25) の中から、ルーマニア最大のワイン産地を1つ選んでください。

　　1 ■5　　　2 ■6　　　3 ■7

Q488　地図 (25) の中から、黒海を1つ選んでください。

　　1 Ⓐ　　　2 Ⓑ　　　3 Ⓒ　　　4 Ⓓ

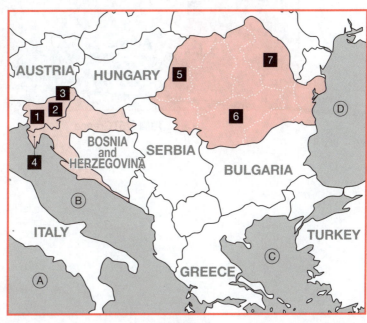

地図 (25)

| 解答 | Q485 | 3 | Q486 | 1 | Q487 | 3 | Q488 | 4 |

Q489 地図(26)の中から、Nemeaが位置するワイン産地を1つ選んでください。

1 ■1   2 ■2   3 ■3   4 ■4

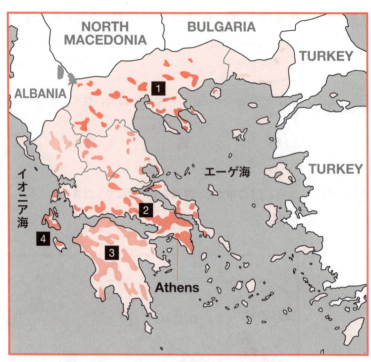

地図(26) Greece

解答 Q489 3

Q490 地図 (27) の中から、Napaを1つ選んでください。

1 ■1   2 ■2   3 ■3   4 ■4

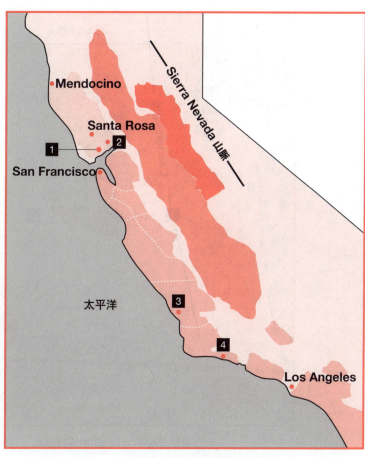

地図 (27) California

解答 Q490 2

Q491 地図 (28) の中から、Lewis-Clark Valleyを1つ選んでください。

1 ① 2 ② 3 ③ 4 ④

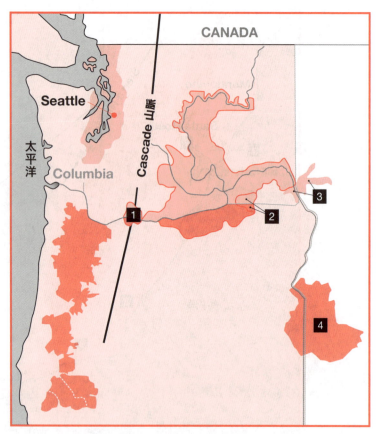

地図 (28) Washington-Oregon

解答 Q491 3

Q492　地図(29)の中から、ブドウ栽培面積がカナダ最大である特定栽培地区を1つ選んでください。

1　1　　　2　2　　　3　3　　　4　4

地図(29) Canada

解答　Q492　3

Q493 地図 (30) の中から、アルゼンチン第2のワイン産地を1つ選んでください。

1 ①   2 ②   3 ③   4 ④

Q494 地図 (30) の中から、D.O.Aconcaguaを1つ選んでください。

1 ⑤   2 ⑥   3 ⑦   4 ⑧

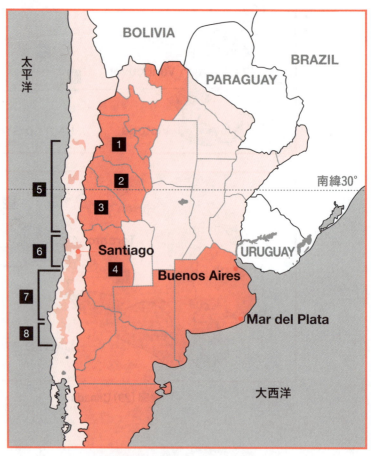

地図 (30) Argentina-Chile

解答 Q493 3　Q494 2

Q495 地図(31)の中から、Barossa Valleyを1つ選んでください。

1 ①   2 ②   3 ③   4 ④

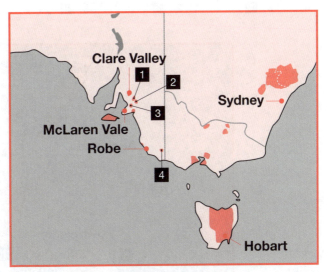

地図(31) Australia

解答 Q495   1

Q496 地図 (32) の中から、Pinot Noirの代表産地として有名なサブリージョンであるMartinborough (G.I.) が位置するワイン産地を1つ選んでください。

1 ■ 2 ■ 3 ■ 4 ■

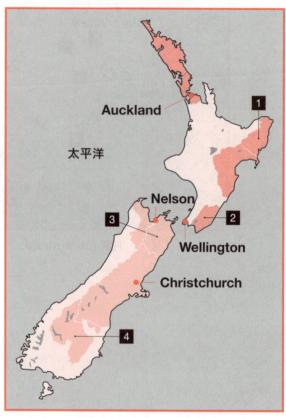

地図 (32) New Zealand

解答 Q496 2

Q497 地図(33)の中から、Coastal Regionを1つ選んでください。

1 ◾1   2 ◾2   3 ◾3   4 ◾4

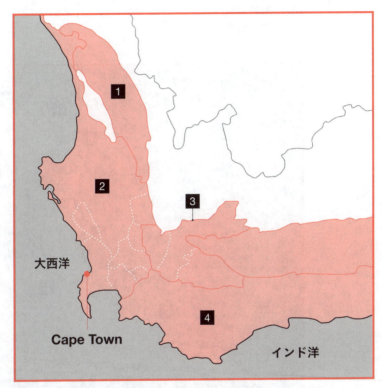

地図(33) South Africa

解答 Q497 | 2

Q498

次の (A)、(B)、(C) のワイン産地を地図 (34) の **1**〜**11** の中から1つずつ選んでください。

(A) 伊那盆地
(B) 置賜盆地
(C) 空知地方

地図 (34) Japan

解答 Q498 A: **1** B: **5** C: **9**

Q499　地図 (35) の中から、日本アルプスワインバレーを1つ選んでください。

1　Ⓐ　　　2　Ⓑ　　　3　Ⓒ　　　4　Ⓓ

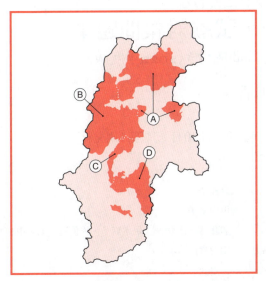

地図 (35) Nagano

Q500　次のブドウの栽培方法の図の中から"ゴブレ"に該当するものを1つ選んでください。

1　1　　　2　2　　　3　3　　　4　4

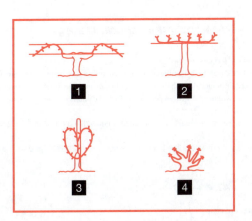

| 解答 | Q499 | 2 | Q500 | 4 |

受験のプロに教わる

ソムリエ試験対策問題集
ワイン地図問題付き〈2022年度版〉

杉山明日香 著

発行日　2022年5月20日 初版第1刷発行

ブックデザイン	金澤浩二
写真	川内倫子
編集	加藤 基・小埜 毅・黒木麻子・佐伯聡一朗・中村 快・松本天志
地図製作協力	山内貴子
発行者	孫家邦
発行所	株式会社リトルモア
	〒151-0051　東京都渋谷区千駄ヶ谷3-56-6
	Tel.03-3401-1042
	Fax.03-3401-1052
印刷・製本所	シナノ印刷株式会社

テキスト表紙・カバー・解説篇の表紙の写真は、長野県北安曇郡池田町です。

Used by permission. All rights reserved.
No part of this book may be reproduced or transmitted in any form or any means,
electronic or mechanical, including photocopy, recording or any other information storage
and retrieval system, without the written permission from the publisher and the artist.

Printed in Japan　　©Asuka Sugiyama/Little More 2022　　ISBN978-4-89815-558-5　　C2077

乱丁・落丁本は送料小社負担にてお取り換えいたします。本書の無断複写・複製・データ配
信などを禁じます。

参考文献
『(一社) 日本ソムリエ協会 教本 2022』

http://www.littlemore.co.jp

受験のプロに教わる

ソムリエ試験対策問題集

ワイン地図問題付き
〈2022年度版〉

解説篇

杉山明日香 著

Little More

〈目　次〉

1	ワイン概論	4
2	フランス概論	8
3	Champagne	10
4	Bordeaux	12
5	Bourgogne	15
6	Val de Loire	18
7	Vallée du Rhône	20
8	Alsace-Lorraine	22
9	Jura-Savoie	23
10	Sud-Ouest	24
11	Provence-Corse	25
12	Languedoc-Roussillon	26
13	V.D.N., V.D.L. and Vin de Primeur	27
14	Italy	29
15	Spain	34
16	Portugal	37
17	Germany	40
18	Austria	44
19	Hungary	46
20	Switzerland	47
21	Luxembourg	48
22	Slovenia	50
23	Croatia	51
24	Romania	52

25	Bulgaria	53
26	Greece	55
27	Moldova	56
28	Georgia	57
29	United Kingdom	58
30	United States of America	59
31	Canada	63
32	Argentina	64
33	Chile	67
34	Uruguay	70
35	Australia	71
36	New Zealand	74
37	South Africa	77
38	Japan	78
39	テイスティング	83
40	ワインと料理	85
41	チーズ	87
42	ワインの購入・保管・熟成・販売	89
43	ソムリエの職責とサービス実技	90
44	日本酒・焼酎	92
45	酒類飲料概論	95
46	地図（図）問題	100

Ｉ ワイン概論

A 001 Ｉ ☞ P8※

- アルコール醗酵の化学式を示したのは、フランスの化学者である、1の Joseph Louis Gay-Lussac
- 2の Jean-Antoine Chaptal は、ワイン醸造においてアルコール分を高めるための補糖（＝ Chaptalisation）の由来となったフランスの化学者（P24）
- 3の Émile Peynaud は、世界的に有名な醸造学者（P251、401）
- 4の Louis Pasteur は酵母によるアルコール醗酵のメカニズムを解明したフランスの生化学者（P8、104）

A 002 3 ☞ P9

- 3の酒石酸は、リンゴ酸とともにワインの中で最も含有量が多い酸で、カリウムなどと結合し、酒石として析出する
- 1のコハク酸と4の酢酸、さらに乳酸は醗酵によって生成した酸。2のクエン酸と3の酒石酸、さらにリンゴ酸はブドウに由来する酸

A 003 4 ☞ P10

- 4の Retsina はギリシャで造られる、松脂の香りがついた白のフレーヴァードワイン（P249、251）
- 1の Lillet はフランス、2の Sangria はスペイン、3の Vermut はフランスとイタリア、で造られているフレーヴァードワイン

A 004 4 ☞ P10

- O.I.V.（国際ブドウ・ブドウ酒機構）の資料で、世界のワイン生産量は、4の "約2.92億hL"（2018年）
- 1は単位をhLから "ha" に変え、"約745万ha" とすると世界のブドウ栽培面積（2018年）
- 2は "t" に変え、"約7,780万t" とすると世界のブドウ生産量（2018年）
- 3の "約2.46億hL" は世界のワイン消費量で、基本的に年間の消費量は生産量よりもやや少なめの数値である（2018年）

※杉山明日香著『受験のプロに教わる ソムリエ試験対策講座 ワイン地図帳付き〈2022年度版〉』本体の参照ページ・以下同

A005　3 ☞ P10

- 国別ワイン生産量 (2018年) は、1位から10位まで以下の通り
- 1位イタリア→2位フランス→3位スペイン→4位アメリカ→5位アルゼンチン→6位オーストラリア・チリ→8位ドイツ→9位南アフリカ→10位中国

A006　3 ☞ P11

- EU新ワイン法により、ラベル表示の主な義務記載事項として、1の製品のカテゴリー、2の瓶詰め業者名、4のボトルの容量、さらにアルコール度、原産国、残糖量の表示 (スパークリングワインの場合) などが規定されている
- 主な任意記載事項として、3の原料のブドウ品種や収穫年などがある

A007　1 ☞ P13

- 世界中のワイン用ブドウは、ほぼ1の欧・中東系種であるVitis Vinifera (ワインを造るブドウの意) に含まれている
- 2のVitis Labruscaは北米大陸原産の北米系種
- 3のVitis Coignetiaeは日本で自生する山ブドウ
- 4のVitis Amurensisは東アジアを中心に自生する、東アジア種群

A008　1 ☞ P13

- 最も酸が強い部分は、1の種子の間
- 2の果皮の内側は糖度が高い部分
- 3の果皮には色素成分であるアントシアニン類が多く含まれる
- 4の種子にはタンニンが多く含まれる

A009　1 ☞ P14

- フランス語 "Taille" の意味は、1の剪定
- 2の萌芽はDébourrement、3の結実はNouaison、4の成熟はMaturité

A010　4 ☞ P14

- ブドウの生育サイクルは、デブールマン (萌芽) →フイエゾン (展葉) →フロレゾン (開花) →ヌエゾン (結実) →ヴェレゾン (色付き) →マチュリテ (成熟)

A 011　3 ☞ P14

- 手摘み収穫の短所の1つとして、作業時間が長いことが挙げられる
- その他の短所は、熟練者の手配が困難、労働コストが高いなど
- 1の果実の傷つき（酸化）を防ぐことができる、2の選果することができる、4の機械収穫できない場所でも摘める、という3点が手摘み収穫の代表的な長所

A 012　1 ☞ P14

- 1は300〜500mmを500〜900mmにすると正しい。望ましい年間降水量は500〜900mmで、生育期前半は十分な降雨が望ましいが、成長期（特にVendange期）の過度の降雨はブドウに好ましくない
- 2〜4はワイン用ブドウ栽培に望ましい条件。2の日照時間は1,000〜1,500時間、3の土壌は水はけが良く、地勢としては南向きの斜面（北半球の場合）、4の年間平均気温は10〜16℃が最適

A 013　1 ☞ P16

- "白いカビ状の胞子により、落葉、落花、落果する"症状のブドウの病害は、ベト病（Mildiou）で、対処策は1のボルドー液（硫酸銅＋生石灰＋水）の散布
- 2の"イプロジオン水和剤の散布"は灰色カビ病（Pourriture Grise）の、3の"ベンレート剤の散布"は晩腐病（Ripe Rot）の、4の"硫黄を含む農薬の散布"と"ベンレート剤による殺菌"はウドンコ病（Oïdium）の、対処策

A 014　4 ☞ P17

- 4のゴブレは株仕立のこと。南フランス、スペイン、ポルトガルなど、新梢が伸びすぎない乾燥地で使われている
- 1のペルゴラは棚仕立のこと。2のギヨ・サンプル、さらにギヨ・ドゥーブル、コルドン・ロワイヤは垣根仕立のひとつ。3の棒仕立は、ハート型にするブドウの仕立て方で、ドイツのMosel地方など急斜面に適している

A 015　2 ☞ P20

- 糖濃度とpHの高低を入れ替えると正しい。ワイン用の酵母は高い糖濃度と低いpHに耐性をもつことが必要であり、サッカロマイセス・セレヴィシエに分類される

A 016　3 ☞ P20、24

・3のRemontageはタンクの下から醗酵中の果醪液を抜いて、果帽を液中に沈殿させるよう、上から全面に渡り散布する作業
・1のOuillageは、ワインの熟成中に蒸発して目減りした分の補填作業（P21、25）。2のFoulageは破砕、4のÉgrappageは除梗、を意味する

A 017　1 ☞ P25

・マロラクティック醗酵（＝M.L.F.）は、果汁やワイン中に含まれるリンゴ酸が、乳酸菌の働きによって、乳酸と炭酸ガスに分解される醗酵
・M.L.F.の効果として、2の"ダイアセチルなどの香りにより複雑性が増す"、3の"ワインの酸味がやわらげられ、まろやかになる"、4の"瓶詰め後のワインの微生物学的安定性が向上する"、などが挙げられる

A 018　3 ☞ P26

・3のDébourbageは、白ワインの醸造工程のPressurage（＝圧搾）の際に行われる作業。果汁を低温で数時間ほどおいて不純物を沈殿させる
・1のBâtonnageも白ワインの醸造工程で、Élevage（＝熟成）の際にタンクや樽の底に溜まった澱を棒で撹拌する作業。2のSoutirageは澱引き、4のCollageは清澄化、を意味する

A 019　4 ☞ P27

・4のVino Ramatoは、イタリアのFriuli-Venezia Giulia州で伝統的にPinot Grigioから造られるオレンジワインで、"銅・赤銅色のワイン"の意
・1のRotlingは、混醸法で造られるドイツのロゼワイン
・2のRibolla Giallaはイタリアの、3のRkatsiteliはジョージアの、オレンジワインの原料としても使われる黄色みの強い白ブドウ

A 020　4 ☞ P28

・4のVendange Entièreは、"除梗の工程を行わずに、果梗を果皮・種子とともに漬け込んで醗酵する醸造法"で、主に赤ワインで行われる。特に、Pinot Noirの醸造で行われることが多い
・1のMicro-oxygénationは、Madiranの造り手が開発した赤ワインの醸造法（P29）
・2のCryo-extractionは、氷果凍結圧搾のこと（P29）
・3のSkin Contactは、除梗・破砕後、圧搾の前に一定の時間、果皮を果汁に漬け込む工程

2 フランス概論

A 021　3 ☞ P32

- フランスにおけるブドウ栽培は、BC6C頃に現在のMarseille（Provence地方）にもたらされ、IC頃にRhône→その後Bordeaux、Bourgogne→4C頃までにChampagne、と伝播していった

A 022　2 ☞ P32

- BC3CをBC6Cにすると正しい。フランスにブドウ栽培が初めてもたらされたのはBC6C頃。古代ギリシャの一民族であるフォカイア人によって現在のMarseilleにもたらされた

A 023　4 ☞ P32

- 産業革命により経済が発展し、ワイン生産が再び隆盛したのは19C。また、市民の間で愛飲されるようになるのと同時期に、ワインがフランスの主要な輸出品目のひとつになった

A 024　2 ☞ P33

- Médoc地区とSauternes地区の格付けは、1855年のパリ万博を機にナポレオン3世の発案により、Bordeaux市の商工会議所によって制定された（P49、57）
- 1の1789年は、フランス革命が起きた年（P32）
- 3の1935年は、フランスのワイン法であるA.O.C.（原産地統制呼称）法の制定年
- 4の1953年は、Graves地区でのワインの格付けの制定年（P62）

A 025　I ☞ P33

- フランスでは19C後半に、2のOïdium（ウドンコ病）、3のPhylloxéra（ブドウネアブラムシ）、4のMildiou（ベト病）の病害にあった
- 1のRipe Rot（晩腐病）は、日本でブドウ病害中被害最大のもの（P16）

A 026　1 🖝 P33

・フランスの気候区分は、北部は大陸性／半大陸性気候（1のChampagne など）、西部は海洋性気候（3のBordeaux、4のLoire河下流など）、南部は地中海性気候（2のLanguedoc-Roussillon、Rhône南部など）、東部は高山性／山地気候（Alpes山系など）、と大きく4つに分けられる

A 027　2 🖝 P34

・フランスのワイン用ブドウは、欧・中東系種である2のVitis Vinifera種に含まれている
・1のVitis Amurensisは東アジアを中心に自生する東アジア種群
・3のVitis Labruscaは北米大陸原産の北米系種
・4のVitis Coignetiaeは日本で自生する山ブドウ（P13）

A 028　1 🖝 P34

・Bordeaux、Sud-Ouest、Loireなどで多く栽培されているBlanc Fuméのシノニムは1のSauvignon Blanc
・2のUgni BlancのシノニムはSaint Émilion（des Charentes）
・3のChardonnayのシノニムはAubaine＝Gamay Blanc＝Melon d'Arbois＝Beaunois＝Melon Blanc
・4のCheninのシノニムはPineau de la Loire

A 029　3 🖝 P34

・全ブドウの栽培面積（2019/20年）は、1位Merlot→2位Ugni Blanc→3位Grenache→4位Syrah→5位Chardonnay→6位Cabernet Sauvignon

A 030　1 🖝 P35

・旧ワイン法では、地理的表示なしワイン（Vin de Table、現Vin de France）において、ラベルに品種、収穫年が表示不可だったが、新ワイン法（ヴィンテージ2009から）においてはどちらも表示可能となった（一部例外あり）

3 Champagne

A031　3 ☞ P39

- 3のRosé des Riceysは、Pinot Noir100%で造られるロゼのスティルワインのみ生産可能なA.O.C.である
- 1は白と黒を入れ替えれば正しい。一般的にChampagneは黒ブドウが2/3、白ブドウが1/3の割合で造られる
- 2はMeunierをPinot Noirにすると正しい。Pinot Noirは、Champagneにボディと骨格をもたらす黒ブドウである
- 4は生産可能色に"赤"を加え、発泡性ワインを"スティル"ワイン"にすると正しい。A.C.Coteaux Champenoisは、赤・ロゼ・白のスティルワインの生産が認められている

A032　1 ☞ P39

- Vallée de la Marne地区で主に栽培されている品種は、1のMeunier
- 2のChardonnayは、Côte des Blancs地区とCôte de Sézanne地区で、4のPinot NoirはMontagne de Reims地区とCôte des Bar地区で、主に栽培されている
- 3のPinot Blancは、A.C. Champagneの原料ブドウとして認められているが、栽培面積はごくわずか

A033　4 ☞ P40

- Montagne de Reims地区でのGrand Cruの数は9
- Vallée de la Marne地区は2、Côte des Blancs地区は6

A034　2 ☞ P40

- 2のAmbonnayは、Montagne de Reims地区に位置するGrand Cru
- 1のOiry、3のChouilly、4のAvize、はすべてCôte des Blancs地区に位置するGrand Cru

A035　4 ☞ P43

- 4のDégorgementは、澱抜きを意味するフランス語
- 1のTirageは瓶詰、2のRemuageは動瓶、3のAssemblageは調合、を意味するフランス語 (P42)

A036　3　☜ P43

- Champagne Millésiméの最低瓶内熟成期間は、3のTirage後3年間
- Non Millésiméは、1のTirage後15ヶ月間

A037　2　☜ P43

- 2のSecの1L当たりの残糖量は17〜32g
- 1のBrutは12g/L未満、3のExtra Dryは12 〜 17g/L、4のDemi-Secは32〜50g/L、の残糖量

A038　3　☜ P43

- 3のChampagneのアルコール度数は13度以下と規定されている
- 1は2,050Lを2,550Lにすると正しい。Champagneの醸造工程の圧搾で、4,000Kgのブドウから得られる最大の搾汁量は2,550Lである
- 2は48gを24gにすると正しい。ワインの瓶詰めの際に、酵母と1L当たり24gの蔗糖を加える
- 4はPinot Noirのみとは限らない。Blanc de Noirsでは、原料ブドウに黒ブドウのみ（Pinot NoirとMeunierで合計100%）を使う（P44）

A039　4　☜ P44

- 4のR.C.はRécoltant-Coopérateurの略称で、協同組合にブドウを持ち込み醸造を委託し、自社銘柄で販売する栽培農家
- 1のN.M.はNégociant-Manipulantの略称で、原料となるブドウを一部あるいは全部他社から購入し、Champagneを醸造する生産者。いわゆるメゾンで大規模経営が多く、約400軒ある
- 2のR.M.はRécoltant-Manipulantの略称で、自社畑で収穫されたブドウのみを用い、Champagneの醸造も自社で行う栽培農家
- 3のC.M.はCoopérative de Manipulationの略称で、加盟する栽培農家が持ち込んだブドウを原料として、醸造から販売まで行う生産者協同組合

A040　1　☜ P46

- 1のMéthode Ruraleは田舎方式のことで、別名Méthode Ancestraleともいう
- 2のMéthode Charmatはシャルマ方式、3のMéthode de Transfertはトランスファー方式、のこと（P45）
- 4のMéthode Traditionnelleはトラディショナル方式のことで、別名Méthode Champenoise（＝シャンパーニュ方式）ともいう（P45）

4 Bordeaux

A041　3 ☜ P48

- Bordeauxのワイン生産量のうち赤ワインが占める割合は3の84.3%（2020年）
- ロゼワインは4.5%、白ワインは11.2%を占める

A042　1 ☜ P48

- 17Cに入り交易が発展し、Médoc地区の干拓等、Bordeauxの繁栄に影響を与えた国は1のオランダ

A043　2 ☜ P51

- Médoc地区の土壌は、2の砂礫質で水はけがよい。ただし、下流に行く又は河から離れるほど粘土質が強くなる

A044　2 ☜ P51

- 2のLudonはA.C.Haut-Médocの産出村で、村名A.O.C.はない
- A.C.Haut-Médocの産出村は、Ludonの他にSaint-Laurent、Macauなど
- 1のSaint-Estèphe、3のSaint-Julien、4のPauillac、はそれぞれ村名A.O.C.があるCommune

A045　4 ☜ P51、Map P10※

- Médoc地区には6つの村名A.O.C.があるが、Communeの中で、Gironde河の最上流に位置するのが4のMargaux、最下流に位置するのが1のSaint-Estèphe

A046　3 🍷 P53、Map P10

- 3のSainte-Croix-du-Montは、Garonne河右岸に位置する甘口の白ワインのみ生産可能なA.O.C.
- 1のCérons（甘口白のみ）はGaronne河左岸に、2のEntre-Deux-Mers（白のみ）はDordogne河とGaronne河の間に（P56）、位置するA.O.C.
- 4のSainte-Foy Côtes de Bordeaux（赤・辛口～甘口の白）はDordogne河左岸に位置するA.O.C.（P54）

A047　2 🍷 P54

- 赤ワインを生産可能なA.O.C.で、Côtes de Bordeauxに付記することができる地区名は、1のCastillon、3のCadillac、4のBlaye、さらにFrancsとSainte-Foyの5つである。これら5つのエリア内で造られたワインをブレンドしたものは、A.C.Côtes de Bordeaux（赤のみ）を名乗ることができる
- 2のFronsacは、Dordogne河右岸に位置するA.O.C.（P55）

A048　2 🍷 P59

- 1～4はMédocの格付けシャトーで、すべてA.C.Saint-Estèphe
- 1のChâteau Cos-Laboryは5級（P60）、2のChâteau Lafon-Rochetは4級、3のChâteau Calon-Ségurは3級、4のChâteau Montroseは2級（P58）、に格付けされている

A049　3 🍷 P60

- 1～4はすべて5級に格付けされているシャトー
- Haut-Médocとラベルに表示されるのは、3のChâteau Belgrave
- 1のChâteau Lynch-Bagesと4のChâteau BatailleyはA.C.Pauillac
- 2のChâteau DauzacはA.C.Margaux（産出村Labarde）

A050　4 🍷 P59

- 1～4はすべてA.C.Margauxで、産出はMargaux村
- 格付け3級のシャトーは4のChâteau Ferrière
- 1のChâteau Marquis de Termeは4級、2のChâteau Durfort-Vivensと3のChâteau Rauzan-Séglaは2級（P58）、に格付けされている

A051　1 🔊 P61

- Sauternes-Barsacの格付けが制定された年は1の1855年
- 2の1953年と4の1959年はGravesの格付けに (P62)、3の1955年は Saint-Émilionの格付けに (P63)、関する年

A052　3 🔊 P61

- 1〜4はすべて1級に格付けされているシャトー
- 3のChâteau Guiraudは、A.C.Sauternes (産出村Sauternes)
- 1のChâteau Climensと2のChâteau Coutetは、A.C.Barsac (産出村Barsac)
- 4のChâteau Rieussecは、A.C.Sauternes (産出村Fargues)

A053　3 🔊 P62

- Gravesの格付けは、赤ワインのみ (7シャトー)、赤・白ワイン (6シャトー)、白ワインのみ (3シャトー) と3つのタイプに分かれている
- 白ワインのみ格付けされているのは、3のChâteau Laville Haut-Brion
- 1のChâteau Smith Haut Lafitteは赤ワインのみ、2のChâteau Bouscautと4のChâteau Latour Martillacは赤・白ワイン、が格付けされている

A054　2 🔊 P63

- Saint-Émilion Premiers Grands Crus Classés Aに格付けされているシャトーは4つ
- 2012年に昇格したシャトーは、2のChâteau AngélusとChâteau Pavie
- 2012年以前から格付けされているシャトーは、1のChâteau Ausoneと3のChâteau Cheval Blanc
- 4のChâteau Pavie Macquinは、Classés Bに格付けされている

A055　4 🔊 P63

- 4のChâteau Pétrusは、Pomerol地区のワインでMerlot主体。Pomerol地区は、基本的にはMerlot主体の赤ワインを多く生産している
- 1のChâteau Desmirail、2のChâteau Kirwan、3のChâteau Palmer、はすべてMédoc地区の格付け3級シャトー (P59)で、Cabernet Sauvignon主体 (P57)

5 Bourgogne

5
ブルゴーニュ地方

A 056　3 ☞ P66

- Chablis地区とGrand Auxerrois地区が位置するのは、3のYonne県
- 1のCôte-d'Or県にはCôte de Nuits地区とCôte de Beaune地区が、2のRhône県には、Beaujolais地区が、4のSaône-et-Loire県にはCôte Chalonnaise地区とMâconnais地区が、それぞれ位置する

A 057　1 ☞ P69、Map P13

- 7クリマ＋1クリマ（非公式畑）あるChablis Grand Cruの中で、面積最小のクリマは1のGrenouilles（約8.7ha）
- 2のBougrosは最西に位置するクリマ、3のBlanchotは最東に位置するクリマ、4のLes Closは面積最大（約26ha）のクリマ

A 058　3 ☞ P71

- Grand Cruが6つ存在する村は、3のVosne-Romanée村
- 1のMorey-Saint-Denis村には5つ、2のGevrey-Chambertin村には9つ（P70）、4のPuligny-Montrachet村には4つ（P74）、存在する

A 059　2 ☞ P71、Map P15

- Morey-Saint-Denis村とChambolle-Musigny村の両方にまたがるGrand Cruは2のBonnes-Mares
- 1、3、4もすべてGrand Cru
- 1のClos des Lambraysと3のClos de TartはMorey-Saint-Denis村に、4のMusignyはChambolle-Musigny村に、位置する

A 060　3 ☞ P71、72

- Côte de Nuits Grand Cruの中で面積最大のA.O.C.は、3のClos de Vougeot（49.25ha）
- 1のLa Romanéeはフランス全土で面積最小（0.84ha）のA.O.C.
- 4のLa Grande RueはCôte de Nuits Grand Cruの中で2番目に面積が小さい（1.65ha）A.O.C.

A 061　4 🔊 P73

- 1〜4はすべてCôte de Beaune地区に位置するA.O.C.
- 赤・白ワインの生産が認められているのは、4のMeursault
- 1のBlagny、2のPommard、3のVolnay、は赤ワインのみ生産が認められている

A 062　4 🔊 P73

- 4のAuxey-Duresses村には、Grand Cruは存在しない
- 1のFlagey-Échézeaux村には村名A.O.C.はないが、ÉchézeauxとGrands-Échézeauxの2つのGrand Cruがある（P71）
- 2のAloxe-Corton村と3のPernand-Vergelesses村には、両方にまたがっているGrand Cruが、Corton、Corton-Charlemagne、Charlemagneと3つある（CortonとCorton-CharlemagneはLadoix-Serrigny村にもまたがっている、Map P17）

A 063　4 🔊 P74、Map P17

- 4のCriots-Bâtard-MontrachetはChassagne-Montrachet村のみに位置するGrand Cru
- 1のMontrachetと2のBâtard-Montrachetは、Puligny-Montrachet村とChassagne-Montrachet村の両方にまたがるGrand Cru
- 3のChevalier-MontrachetとBienvenues-Bâtard-Montrachetは、Puligny-Montrachet村のみに位置するGrand Cru

A 064　2 🔊 P75

- Côte Chalonnaise地区のA.O.C.で、赤・白ワインの生産が認められているのは、2のMercurey、RullyとGivryの3つ
- 1のMorgonはBeaujolais地区のA.O.C.で、Cru du Beaujolaisの1つ（P77）
- 3のMontagnyと4のBouzeronはともにCôte Chalonnaise地区のA.O.C.で、白ワインのみ生産が認められている

A 065　2 🔊 P76

- 1〜4はすべてMâconnais地区に位置する村。村名A.O.C.は、すべて白ワインのみ生産が認められている
- 2のPouilly-Fuisséは、2020年にこの地区初のPremier Cruが認定され、"Pouilly-Fuissé Premier Cru＋畑名"の表記が可能となった

A066　2 ☞ P77

- 1～4はすべてCru du Beaujolais
- 10あるCru du Beaujolaisの中で、栽培面積最小のA.O.C.は2のChénas
- 1のSaint-Amourは最北端に位置するA.O.C.（Map P19）
- 3のBrouillyは最南端に位置する、栽培面積最大のA.O.C.
- 4のRégniéは1988年認定の最新のA.O.C.

A067　1 ☞ P78

- A.C.Bourgogne Passe-Tout-Grainsの生産可能色は、Bourgogne地方で唯一の1の赤・ロゼ。赤・ロゼともにPinot Noirを30%以上、Gamayを15%以上、使用しなければならない

A068　1 ☞ P69

- 1はChenin（Blanc）をSauvignon（Blanc）にすると正しい。A.C.Saint-Brisは、Sauvignon主体の白ワインのみ生産が認められている
- 2のMeursault村には、Grand Cruはないが、有名なPremier Cruが多数ある（P73、80）
- Côte Chalonnaise地区に位置する、赤・白ワインの生産が認められているA.O.C.は3のGivryの他、RullyとMercurey（P75）
- Mâconnais地区の生産量の80%が、Chardonnayから造られる白ワインで、比較的気軽に楽しめる白として人気が高い（P76）

A069　3 ☞ P71

- 3のCôte de Nuits-Villagesの生産可能色は赤・白
- 1のCôte de Beaune-Villagesは赤ワインのみ（P74）、2のMâcon Villagesは白ワインのみ（P76）、4のBeaujolais Villagesは赤・ロゼ・白ワイン（P77）、の生産が認められている

A070　4 ☞ P79

- Premier Cru "Champeaux" が位置する村は、4のGevrey-Chambertin

5

ブルゴーニュ地方

6 Val de Loire

A071　2 ☞ P84

・6地区を5地区にすると正しい。Loire地方のワイン生産地区は、Pays Nantais、Anjou-Saumur、Touraine、Centre Nivernais、Massif Central、と5つに分かれている

A072　2 ☞ Map P20、21

・Loire地方は大きく5つの生産地区に分けられる（P84）。西から東に、Pays Nantais地区（Muscadet含む）→Anjou-Saumur地区（Saumur、Savennières含む）→Touraine地区（Bourgueil、Chinon、Vouvray含む）→Centre Nivernais地区（Reuilly、Quincy、Sancerre含む）→Massif Central地区が位置する

A073　4 ☞ P85

・Loire地方のブドウ品種にはシノニムがあるものが多い。Cabernet Francのシノニムは4のBreton
・1のPineau de la LoireはChenin（Blanc）の、2のBlanc FuméはSauvignon（Blanc）の、3のMelon de BourgogneはMuscadetの、シノニム

A074　1 ☞ P91

・1のMenetou-SalonはCentre Nivernais地区に位置する、赤・ロゼ・白ワインの生産が認められているA.O.C.
・2のBonnezeaux、3のQuarts de Chaume、4のCoteaux de l'Aubance、は甘口の白ワインのみ生産が認められている、Anjou-Saumur地区に位置するA.O.C.（P87）

A075　3 ☞ P84、88

・海洋性から大陸性へ気候の変わる中間地点に位置し、"トゥファ"を母岩とする土壌が特徴の地区は、3のTouraine地区

A 076　3 ☜ P87

- 1、2はTouraine地区に、3、4はAnjou-Saumur地区に、位置する
- 3のCoteaux du Layonは、Chenin (Blanc) から造られる甘口の白ワインのみ生産が認められているA.O.C.
- 1のMontlouis-sur-Loireと2のVouvray (P89)、4のCoulée de Serrantは、Cheninから造られる辛口〜甘口の白ワインのみ生産が認められているA.O.C. (規定は、2のみChenin主体、他はChenin100%)

A 077　4 ☜ P90

- 1、2、4はTouraine地区に、3はAnjou-Saumur地区に位置する
- 4のCour-Chevernyは、Romorantin100%で造られる辛口 〜 甘口の白ワインのみ生産が認められているA.O.C.
- 1のChinon (赤・ロゼ・白、P89) の白、2のJasnières (辛口と半甘口の白のみ)、3のCoteaux de Saumur (甘口白のみ、P88)、はChenin (Blanc) 100%で造られる

A 078　3 ☜ P89

- A.C.Touraine Oisly (白のみ) の主要品種は、3のSauvignon (Blanc)

A 079　4 ☜ P90

- 4のOrléans-Cléryは、Touraine地区に位置し、Cabernet Francから造られる赤ワインのみ生産が認められているA.O.C.
- 1のValençayはTouraine地区に、2のSaint-PourçainはMassif Central地区に (P92)、3のReuillyはCentre Nivernais地区に (P91)、位置する。これらはすべて、赤・ロゼ・白ワインの生産が認められているA.O.C.

A 080　4 ☜ P91

- 4はChasselas100%にすると正しい。A.C.Pouilly-sur-LoireはChasselas100%で造られる辛口の白ワインのみ生産が認められているA.O.C.
- 1のA.C.Rosé d'Anjouは半甘口のロゼワインのみ生産可能で、主要品種はGrolleau (P87)
- 2のA.C.Touraine Noble Jouéは、辛口のロゼワインのみ生産可能で、必ずMeunier、Pinot Noir、Pinot Grisの3品種をブレンドする (P89)
- 3のA.C.Sancerreは赤・ロゼ・白ワインの生産が認められている。赤・ロゼワインはPinot Noir100%で、白はSauvignon (Blanc) 100%で、造られる

7 Vallée du Rhône

A081　1 ☞ P94

- Rhône地方は、北部と南部で気候、土壌が違うのが特徴
- 北部は半大陸性気候。右岸は花崗岩質、片岩質土壌。左岸の土壌は石灰質、粘土質、石ころなど多様
- 南部は地中海性気候。土壌は、粘土石灰岩質、泥灰土、砂質、玉石に覆われた土地など多様

A082　2 ☞ P94

- Rhône地方は、北部と南部で栽培される主要ブドウ品種が異なるのも特徴
- 2のCinsaultは黒ブドウで、主に南部で栽培されている
- 1のViognier、3のClairette、4のBourboulenc、はすべて白ブドウ。1は主に北部、3と4は主に南部、で栽培されている

A083　1 ☞ P95

- 1〜4はすべて北部に位置するA.O.C.
- Rhône地方のA.O.C.の中で、面積最小のものは1のChâteau-Grillet（約3.0ha）で、白ワインのみ生産が認められている
- 2のSaint-Josephと3のCrozes-Hermitageは赤・白ワイン、4のCôte-Rôtieは赤ワインのみ、の生産が認められている

A084　2 ☞ P95

- 1〜4はすべて北部に位置するA.O.C.
- 2のHermitageは、赤・白ワインの生産が可能。使用ブドウ品種は、赤はSyrah85%以上＋MarsanneとRoussanne、白はMarsanneとRoussanneのみ、でこれらの混醸が認められている。畑は南向きの急斜面に広がる
- 1のCondrieuはViognier100%の白ワインのみ、3のCornasはSyrah100%の赤ワインのみ、4のCoteaux de DieはClairette100%の白ワインのみ（P96）、生産可能なA.O.C.

A085 3 ☞ P97、Map P22

- 北部のA.O.C.はRhône河右岸に位置するものが多く、南部のA.O.C.は左岸に位置するものが多い
- 3のTavelは南部・Rhône河右岸に位置し、ロゼワインのみ生産が認められている、1936年に最初に認定されたA.O.C.の1つ
- 1のChâteauneuf-du-Pape（赤・白）と4のRasteau（スティルは赤のみ）は、南部・Rhône河左岸に位置するA.O.C.
- 2のChâteau-Grillet（白のみ）は、北部・Rhône河右岸に位置するA.O.C.（P95）

A086 3 ☞ P95

- 3のSaint-Pérayは北部に位置し、白ワインのみ生産が認められている、1936年に認定されたA.O.C.の1つ。白のスパークリングワインを生産した場合は、A.O.C.名にMousseuxが付く
- 1のBeaumes-de-Veniseは赤ワインのみ、2のClairette de Bellegardeは白ワインのみ、4のVentouxは赤・ロゼ・白ワイン、の生産が認められているA.O.C.ですべて南部に位置する（P97）

A087 4 ☞ P97

- 1は北部に、2〜4は南部に位置するA.O.C.
- 4のGigondasの生産可能色は、Rhône地方のA.O.C.で唯一の赤・ロゼ
- 1のChâtillon-en-Diois（P96）、2のCostières de Nîmes、3のLirac、の生産可能色はすべて赤・ロゼ・白

A088 2 ☞ P94、97

- 2のTavelとChâteauneuf-du-Papeが1936年に最初に認定されたA.O.C.で、次いで同年に、Château-Grillet（P95）とSaint-Péray（P95）もA.O.C.に認定された

A089 3 ☞ P97

- 1〜4はすべて南部に位置するA.O.C.
- 2016年に認定された最新のA.O.C.は3のCairanneで、赤・白ワインの生産が認められている
- 2のDuché d'Uzèsは、2013年に認定された、赤・ロゼ・白ワインの生産が認められているA.O.C.
- 1のCôtes du Vivaraisと4のGrignan-les-Adhémarは、赤・ロゼ・白ワインの生産が認められているA.O.C.

A090　4 ☞ P98

- A.C.Châteauneuf-du-Papeの使用認可品種は13種類ある
- 北部において、混醸されることが多い4のMarsanneとRoussanneだが、Châteauneuf-du-Papeでは4のMarsanneは使用することができない

8　Alsace-Lorraine

A091　1 ☞ P100

- Alsace地方は大陸性気候で、モザイクといわれるほど土壌が多様なワイン産地である。白ワインの生産が大半を占め（90%）、ブドウ品種、伝統料理等、ドイツとの類似点が多い

A092　2 ☞ P100、101

- A.C.Alsace Grand Cruに使用が認められているブドウは、1のRiesling、3のGewürztraminer、4のPinot Gris、さらにMuscatの4品種（Sylvanerが一部許可）で、2のPinot Blancの使用は認められていない

A093　4 ☞ P101

- A.C.Alsace Grand Cruは、基本的にA092の4品種のうちの1品種のみを用いて造らなければならないが、一部例外がある。4のAltenberg de BergheimとKaefferkopfでは複数品種の混醸が（Kaefferkopfではアッサンブラージュも）、ZotzenbergではSylvanerの使用が、認められている
- 2のFranksteinと3のKesslerもAlsace Grand Cruのリュー・ディ（Map P24）

A094　3 ☞ P101

- "Sélection de Grains Nobles"とラベルに付記できる果汁糖分最低含有量は、3の"Gewürztraminer・Pinot Grisは306g/L、Riesling・Muscatは276g/L"
- 2の"Gewürztraminer・Pinot Grisは270g/L、Riesling・Muscatは244g/L"は"Vendanges Tardives"の果汁糖分最低含有量

A095　3 ☜ P102

・LorraineのA.O.C.は3のMoselleとCôtes de Toulの2つ
・1のChâteaumeillantと4のMenetou-SalonはLoire地方のA.O.C.（P91）、2のDuché d'UzèsはRhône地方のA.O.C.（P97）

9　Jura-Savoie

A096　3 ☜ P105

・Jura地方ではSavagnin100%でVin Jaune（黄ワイン）が造られる
・黄ワインのみ生産が認められているA.O.C.は、3のChâteau-Chalon
・1のArbois Pupillinは赤・ロゼ・白・黄・藁ワイン、2のL'Étoileは白・黄・藁ワイン、4のMacvin du Juraは甘口の赤・ロゼ・白ワイン、の生産が認められているA.O.C.で、これらにはSavagnin以外の品種も使われている

A097　2 ☜ P105

・Naturéをソトロンにすると正しい。Vin Jauneは、熟成の過程で、表面に産膜酵母による皮膜が形成される。また、ソトロンという芳香成分により、アーモンドやヘーゼルナッツなどのフレーヴァーが生じる
・NaturéはVin Jauneを生み出す品種Savagninのシノニム

A098　2 ☜ P106

・2のVin de Pailleは、収穫から少なくとも3年目の11月15日まで熟成義務があり、うち18ヶ月以上は樽で熟成させなければならない
・1のVin Jauneは、"収穫から少なくとも6年目の12月15日まではオークの小樽で熟成（うち60ヶ月以上は産膜酵母の下で熟成）"が義務で、熟成中のOuillage（＝補酒）、Soutirage（＝澱引き）は禁止である（P105）
・3はVin de PailleをVin Jauneにすると正しい。Vin JauneはClavelinと呼ばれる620mLの容器に入れる（P105）
・4のCrémant du Juraは瓶内二次醗酵で造られるスパークリングワインで、ロゼ・白の生産が認められ、澱とともに9ヶ月以上の熟成が必要である（P105）

A099　I ☞ P106

・Vin de Pailleの製造工程で、干しブドウ化の作業はIのPasserillage
・2のOuillageは目減り分の補填、3のSoutirageは澱引き、4のPressurage
　は圧搾、のこと (P25)

A100　I ☞ P106

・Savoie地方を代表する黒ブドウは、IのMondeuse
・2のGros NoirienはJura地方におけるPinot Noirのシノニム (P104)
・3のTibourenはProvence地方の黒ブドウの土着品種 (P114)
・4のJacquèreはSavoie地方で最も栽培面積の広い白ブドウで、全体の
　約50%を占める

10　Sud-Ouest

A101　3 ☞ P110

・A.C.Frontonは、3のGaronne地区に位置し、Négrette主体の赤・ロゼワイ
　ンの生産が認められている

A102　3 ☞ P111

・A.C.Marcillacは、Lot地区に位置し、3のFer Servadou主体 (80%以上) で、
　赤・ロゼワインの生産が認められている

A103　I ☞ P111

・IのCahorsは、Lot地区に位置する、Côt (＝Malbec＝Auxerrois、P109) 主
　体の赤ワインのみ生産が認められているA.O.C.で、別名"黒ワイン"と
　も呼ばれる (P108)
・2のGaillacは、Tarn地区に位置する、赤・ロゼ・白 (スティルと発泡性) ワ
　インの生産が認められているA.O.C.
・3と4は、Gascogne／Pays Basque地区に位置する。3のIrouléguy (赤・
　ロゼ・白)はスペイン国境に最も近い、4のMadiranはTannat主体の赤ワ
　インのみ生産が認められている、A.O.C.

A 104　2 ☞ P111

- 2のTursanは、Gascogne/Pays Basque地区に位置する、赤・ロゼ・白ワインの生産が認められているA.O.C.
- 1のPécharmantは、Dordogne/Bergerac地区に位置する、赤ワインのみ生産が認められているA.O.C.（P110）
- 3と4は、Gascogne/Pays Basque地区に位置する。3のJurançonと4のPacherenc du Vic Bilhは、ともに甘口の白ワインのみ生産が認められているA.O.C.

A 105　2 ☞ P110

- 辛口を甘口にすると正しい
- SaussignacとMonbazillacはともにDordogne/Bergerac地区に位置する、甘口の白ワインのみ生産が認められているA.O.C.

---

11 Provence-Corse

A 106　3 ☞ P114

- Provence地方はフランス最大のロゼワインの産地で、フランスA.O.C.ロゼワインの42%、世界で消費されるロゼワインの5%をも生産している

A 107　1 ☞ P115

- 1のCassisは、Marseille近郊に位置する、赤・ロゼ・白ワインの生産が認められている、1936年に最初に認定されたA.O.C.。ロゼワインの生産比率が高いProvence地方では珍しく、白ワインの生産比率が67%と高いのが特徴
- 2のBelletはProvence地方最東に、4のPierrevertは最北に、位置する
- 3のPalletは、赤ワインの生産比率が55%と高いのが特徴

A 108　3 ☞ P115

- A.C.Bandolは、赤・ロゼ・白ワインの生産が認められている。A.C.Bandol Rougeの主要品種はMourvèdreで、木樽で18ヶ月以上熟成させなければならない

A 109　4 ☜ P116

- Ajaccioは、4の皇帝ナポレオン・ボナパルトの生誕地として有名で、黒ブドウのSciacarelloが多く栽培される

A 110　3 ☜ P116

- Patrimonioは、赤・ロゼ・白ワインの生産が認められている、1968年にCorseで初認定されたA.O.C.
- 赤・ロゼの主要品種は3のNielluccio（＝Sangiovese）、白はVermentino100%である。赤はN;luccioを90%以上使用しなければならない

12　Languedoc-Roussillon

A 111　2 ☜ P118

- A.O.C.をI.G.P.にすると正しい。Languedoc-Roussillon地方は全ワイン生産量においてフランス最大（40%を占める）の産地で、I.G.P.ワインの生産量はこの地方全体の70%以上を占める
- Languedoc-Roussillon地方は、有機栽培によるブドウ畑が多く、フランスの全有機ブドウ畑の1/3、世界の全有機ブドウ畑の7%に相当する

A 112　3 ☜ P119

- 3のLimouxは、赤・白（スティルと発泡性）ワインの生産が認められているA.O.C.で、赤の主要品種はMerlotである
- 1は海洋性気候を地中海性気候にすると正しい。Languedoc-Roussillon地方は地中海性気候である（P118）
- 2はミストラルをトラモンタンにすると正しい。トラモンタンと呼ばれる乾いた冷たい風により、ブドウ畑は過度の暑さから守られると同時に乾燥するので、ブドウは病害のリスクが少ない（P118）
- 4はChardonnayをMauzacにすると正しい。Limoux Méthode Ancestraleは、Mauzac100%で造られる白の発泡性ワインのみ生産が認められているA.O.C.である

A 113　2 ☞ P119

- 2のMinervoisは、Languedocに位置する、赤・ロゼ・白ワインの生産が認められているA.O.C.
- 1のCabardèsと3のMalepèreは、ともにLanguedocに位置する、赤・ロゼワインの生産が認められているA.O.C.
- 4のCollioureは、Roussillonに位置する、赤・ロゼ・白ワインの生産が認められているA.O.C.（P121）

A 114　4 ☞ P121

- 4のMauryはRoussillonに位置する、赤ワインとV.D.N.（赤・白）の生産が認められているA.O.C.で、赤ワインはGrenache主体
- 1～3はすべて、Languedocに位置し、赤のみ生産可能なA.O.C.

A 115　2 ☞ P121、123

- 2のA.C.Collioure（赤・ロゼ・白）の生産地域は、V.D.N.のA.C.Banyulsと同一
- 3のLa Clape（P119）と4のPic-Saint-Loup（P120）は、ともにLanguedocに位置するA.O.C.

13　V.D.N., V.D.L. and Vin de Primeur

A 116　1 ☞ P122、123

- 1のA.C.Muscat de Beaumes-de-Veniseは、Rhône地方に位置する、赤・ロゼ・白ワインの生産が認められているV.D.N.
- 2～4はすべて白ワインのみ生産可能なV.D.N.
- 2のMuscat de Lunelと3のMuscat de MirevalはLanguedoc地方に、4のMuscat de RivesaltesはRoussillon地方に、位置するA.O.C.

A 117　4 ☞ P123、124

- V.D.N.とV.D.L.をともに生産しているA.O.C.は、4のFrontignanのみで、Languedoc地方に位置し、白ワインのみ生産が認められている
- 1〜3はすべてV.D.N.を生産するA.O.C.
- 1のRasteau（赤・ロゼ・白、スティルは赤のみ）はRhône地方に（P122）、2のMaury（赤・白、スティルは赤のみ）と3のBanyuls（赤・ロゼ・白、スティルのA.C.Collioureと同一の生産地域）はRoussillon地方に、位置するA.O.C.

A 118　1 ☞ P124

- A.C.Pineau des CharentesはCognac地方のV.D.L.で、生産可能色は1の赤・ロゼ・白
- Armagnac地方のV.D.L.は、A.C.Floc de Gascogneで、生産可能色はロゼ・白

A 119　3 ☞ P125

- 3は品種名を収穫年にすると正しい。フランスの新酒は、ラベルにブドウ収穫年を表示しなければならない
- 1のVin de Primeurに関する規定が確立されたのは、1967年11月15日
- 2の新酒の販売は、ブドウ収穫年の11月第3木曜日から許可されている
- 4のA.C.Coteaux Bourguignonsの生産可能色は、新酒が白のみで、通常が赤・ロゼ・白

A 120　2 ☞ P126

- 2のVentouxの生産可能色は、新酒も通常も赤・ロゼ・白
- 1のSaumurは、新酒がロゼのみで、通常が赤・ロゼ・白（P125）
- 3のBeaujolaisと4のTouraineは、新酒が赤・ロゼで、通常が赤・ロゼ・白（P125）

14 Italy

A 121　2 ☞ P128

- 2は仙台を函館にすると正しい。首都Romaは北緯41.5度と、函館と同緯度でかなり北に位置する
- 1のイタリアの国土は、北緯35 〜 47度に位置し、南北1,300kmに広がり、その面積は日本の約80%にあたる
- 3の古代ギリシャ人が南イタリアにブドウ栽培を伝えたのが、イタリアワイン造りのはじまりと言われていて、その当時イタリア半島を羨望の気持ちを込めて"エノトリア・テルス（ワインの大地）"と讃えていた
- 4のイタリアの州別ワイン生産量（2020年）は、1位Veneto→2位Puglia→3位Emilia Romagna→4位Sicilia→5位Abruzzo（P129）

A 122　4 ☞ P129

- イタリアで初の原産地呼称法が公布されたのは、4の1963年
- 1の1861年は、イタリア王国建国
- 2の1870年は、ベッティーノ・リカーゾリが、"リカーゾリ男爵の公式（＝Formulae）"を考案した頃（1870年前後）
- 3の1935年は、フランスでA.O.C.（原産地統制呼称）法が制定された年（P33）

A 123　4 ☞ P130

- イタリアの黒ブドウの栽培面積（2015年）は、1位Sangiovese→2位Montepulciano→3位Merlot→4位Barbera→5位Negroamaro
- 白ブドウは、1位Glera→2位Pinot Grigio→3位Catarratto Bianco Comune→4位Trebbiano Toscano→5位Chardonnay

A 124　1 ☞ P131

- 1のScansanoでのSangioveseのシノニムは、Morellino
- 2のMontepulcianoではPrugnolo Gentile、4のMontalcinoではBrunelloと呼ばれている

A125　3 ☞ P132

・地理表示保護ワインであるI.G.P.は、"ワインの85%以上がその土地で造られたもの"と定義されている

A126　2 ☞ P133

・イタリアのスティルワインで、残糖量が4g/L以下の甘辛度表示は、2のAsciutto（＝Secco）で辛口
・1のDolceは甘口で45g/L以上、3のAmabileは中甘口で12〜45g/L未満、4のAbboccato（＝Semi Secco）は薄甘口で4〜12g/L以下、の残糖量

A127　4 ☞ P133

・Vino Novelloの法的規則事項の1つ、消費は4の10月30日0時1分から

A128　3 ☞ P133、139

・3のAsti SpumanteはPiemonteの、シャルマ方式で造られる白の発泡性ワインのD.O.C.G.
・1のFranciacortaはLombardiaのD.O.C.G.（P141）、2のTrentoはTrentino-Alto AdigeのD.O.C.（P143）、4のAlta LangaはPiemonteのD.O.C.G.（P140）で、すべてMetodo Classico（瓶内二次醗酵）で造られるロゼ・白の発泡性ワイン

A129　3 ☞ P137

・3のValle d'Aostaは面積・人口ともに最小の州で、ワイン生産量も全20州中最も少ない。Dora Baltea河両岸の傾斜地の段々畑で、独特の棚式栽培が見られる

A130　1 ☞ P140

・1〜4はすべてPiemonteのD.O.C.G.
・1のAlta Langaは、瓶内二次醗酵で造られる、ロゼ・白の発泡性ワインの生産が認められているD.O.C.G.
・2のGaviは白のスティルと発泡性ワイン、3のBrachetto d'Acquiは甘口の赤のスティルと発泡性ワイン、4のErbaluce di Calusoは白のスティルと発泡性ワイン、の生産が認められているD.O.C.G.（P139）

A 131 4 ☜ P140

・NizzaはPiemonteの、2014年に認定されたD.O.C.G.
・赤ワインのみ生産が認められていて、主要品種は4のBarbera

A 132 2 ☜ P140

・2のLangheはPiemonteの、赤・ロゼ・白ワインの生産が認められている
　D.O.C.
・1のGarda（赤・ロゼ・白、ロゼと白は発泡性もあり）と3のLugana（白の
　み、発泡性もあり）はLombardiaのD.O.C.（P142）、4のGattinara（赤のみ）
　はPiemonteのD.O.C.G.（P139）

A 133 1 ☜ P141

・1～4はすべて赤ワインのみ生産が認められているD.O.C.G.
・ChiavennascaはLombardia北部Valtellina渓谷でのNebbioloのシノニム。
　これを主要品種とするD.O.C.G.は、1のValtellina Superiore
・2のMoscato di Scanzoは、Lombardiaで造られる、Moscato di Scanzo
　100%の甘口赤ワイン
・3のBardolino Superioreは、Venetoで造られる、Corvinaなどを使用し
　た辛口赤ワイン（P144）
・4のGhemmeは、Piemonteで造られる、Spanna（＝Nebbiolo）を85%以上
　使用した辛口赤ワイン（P139）

A 134 2 ☜ P141

・FranciacortaはLombardiaのD.O.C.G.で、瓶内二次醗酵で造られるロゼ・
　白の発泡性ワインの生産が認められている
・主要品種はChardonnay、1のPinot Nero、3のPinot Biancoと4のErbamat

A 135 3 ☜ P144

・3はGleraをTaiにすると正しい。Lisonは白ワインのみ生産が認められて
　いるD.O.C.G.で、主要品種はTai（85%以上）
・1のVenetoのD.O.C.G.数は14で、Piemonteの18（P138）に次ぐ多さであ
　る（P143）
・2のValpolicellaは、赤ワインのみ生産が認められているD.O.C.で、主要
　品種はCorvina（P145）
・4のGrappaで有名な町は、Bassano del Grappaで、蒸留酒も盛んに造ら
　れている（P143）

A 136　2 ☞ P144

- 1〜4はすべてVenetoのD.O.C.G.
- 2のAmarone della Valpolicellaは、辛口の赤ワインのみ生産が認められているD.O.C.G.で、陰干しブドウから造られる。Corvina主体で、アルコール度数14度以上
- 1のRecioto di Soaveは甘口の白のスティルと発泡性ワインのみ、3のRecioto della Valpolicellaは甘口の赤のスティルと発泡性ワインのみ、4のMontello Rossoは赤ワインのみ、の生産が認められている

A 137　1 ☞ P146

- Friuli-Venezia Giuliaでは白ワインの生産量が76%を占める
- 4つあるD.O.C.G.の生産可能色はすべて白のみ
- その中の1つであるD.O.C.G.Rosazzoの主要品種はFriulanoで、辛口白ワインのみの生産が認められている
- D.O.C.G.RamandoloとD.O.C.G.Colli Orientali del Friuli Picolitは甘口白ワインのみの生産が認められている
- D.O.C.G.LisonはVenetoとまたがっており、主要品種はTai

A 138　2 ☞ P147

- Romagna地方とEmilia地方を入れ替えると正しい。Emilia Romagnaの州都Bolognaの西がEmilia地方、東がRomagna地方で、Emilia地方で造られる発泡性・弱発泡性のD.O.C.Lambrusco（赤・ロゼ）が有名

A 139　2 ☞ P150

- Vernaccia di San GimignanoはToscanaの11あるD.O.C.G.のうち、唯一白ワインのみ生産が認められているD.O.C.G.で、主要品種はVernaccia（di San Gimignano）
- Toscanaの他のD.O.C.G.は、赤ワインのみ生産が認められている

A 140　2 ☞ P153

- CerasuoloをCannellinoにすると正しい。FrascatiはLazioの州都Romaのすぐ南に位置し、伝統的に、甘口のことをCannellino（残糖量35g/L以上）という

A141　1 ☞ P154

- 1～4はすべてCampaniaのD.O.P.
- 1のTaurasiは、赤ワインのみ生産が認められているD.O.C.G.で、主要品種はAglianico
- 2のGreco di Tufoは辛口の白のスティルと発泡性ワインのみ、4のFiano di Avellinoは辛口の白ワインのみ、の生産が認められているD.O.C.G.
- 3のVesuvioは、Vesuvio火山周辺のD.O.C.

A142　3 ☞ P155

- 3のAglianicoはギリシャ人によって、Basilicataがギリシャの植民地であった時代に伝えられたとされる
- 1のBombino Nero、2のPrimitivo、4のNero di Troiaは、主にPugliaで栽培されている黒ブドウ（P159）

A143　4 ☞ P156

- CiròはCalabriaの赤・ロゼ・白ワインの生産が認められているD.O.C.で、赤・ロゼの主要品種は4のGaglioppo、白の主要品種はGreco Bianco
- 1のMontepulcianoはMarcheやAbruzzoを中心としたイタリア中部で（P157、158）、2のVernaccia NeraはMarcheで（P157）、3のCesaneseはLazioで（P153）、栽培されている黒ブドウ

A144　4 ☞ P161

- ZibibboはMoscatoのSiciliaでのシノニムで、4のD.O.C.Pantelleria（白のスティルと発泡性ワインのみ）の主要品種。Pantelleria島は、"地中海の黒い真珠"と呼ばれている
- 1のAlcamo、2のEtna、3のMalvasia delle LipariもすべてSiciliaのD.O.C.

A145　2 ☞ P161

- CalabreseはSiciliaを代表する黒ブドウで、シノニムは2のNero d'Avola
- 1のBarberaと4のDolcettoはPiemonteで（P138）、3のCorvinaはVenetoで（P143）、主に栽培されている黒ブドウ

15 Spain

A 146 2 ☞ P164

・Castilla y LeónをCastilla La Manchaにすると正しい。スペインでは17の自治州すべてでワインが生産されており、その約62%が中央高原地帯のCastilla La Mancha州（栽培面積は全体の約48%）で生産されている

A 147 3 ☞ P164

・スペインでは、スパークリングワインであるCavaの大半は地中海側のCataluña州で生産されており、酒精強化ワインは南部Andalucía州のJerez＝Sherryが世界的に有名である

A 148 2 ☞ P165

・スペインワインを造るブドウは現在約160品種あり、固有品種が多い。最も広く栽培されているのは、2の白ブドウAirénで、白ブドウ全体の約半分を占める（2020年）
・1のMacabeo（＝Viura）はCavaの主要品種で、白ブドウ中2位の栽培面積。3のTempranilloは黒ブドウ中1位・全ブドウ中2位、4のBobalは黒ブドウ中3位、の栽培面積（2020年）

A 149 2 ☞ P166

・TempranilloはRiojaの主要品種として有名だが、スペイン全土で栽培（黒ブドウ中1位、P165）されていて、各地で独自の呼び方がある
・La ManchaでのTempranilloのシノニムは2のCencibel
・Ribera del Dueroでは1のTinto Finoと3のTinta del País、Cataluñaでは4のUll de Llebre、と呼ばれている
・ToroではTinta de Toro、MadridではTinta de Madrid、と呼ばれている

A150 3 ☞ P167

・スペイン新ワイン法において、原産地呼称保護ワインであるD.O.P.は、下からV.C.→D.O.→D.O.Ca.→V.P.と4段階に細分化されている
・"V.C.に認可されて5年後にD.O.への昇格申請が可能"で、3にあるように、"D.O.に認可されて10年後にD.O.Ca.への昇格申請が可能"である
・1は1932年を1933年にすると正しい。スペインのワイン法が制定されたのは1932年、発効したのは1933年である (P166)
・2は57を97にすると正しい。2021年現在、D.O.P.として認定されている銘柄は97ある (P166)
・4はVinoをVino de la Tierraにすると正しい。スペインワイン法におけるVino de la Tierraはフランスの旧Vin de Paysに相当する

A151 4 ☞ P166

・D.O.P.の格付けの1つV.P. (Vino de Pago)は、4の"単一ブドウ畑限定ワイン"の意味。2003年に新設された、限定された面積の単一のブドウ畑で栽培、収穫されたブドウのみから造られるワインに認められる原産地呼称で、20のブドウ畑が認定されている
・1の"特選原産地呼称ワイン"はD.O.Ca.を、2の"原産地呼称ワイン"はD.O.を、3の"地域名付き高級ワイン"はV.C.を、意味する (P167)

A152 2 ☞ P168

・スペインD.O.P.ワインは、熟成期間の規定を満たす場合に、ラベルにCrianza、Reserva、Gran Reservaと表示できる
・Reservaと表示された赤ワインは36ヶ月以上熟成で、そのうち、2の最低12ヶ月は樽熟成させなければならない
・Reservaの白・ロゼワインは24ヶ月以上熟成 (うち最低6ヶ月樽熟)

A153 2 ☞ P170

・2はAragónをNavarraにすると正しい。D.O.Ca.Riojaは、La Rioja、País Vasco、Navarraの3つの州にまたがっていて、3の"Ebro河流域とその支流Oja河沿岸"に位置する
・1のRiojaは1991年に、スペインで初のD.O.Ca.に認定された
・D.O.Ca.Riojaの産地はEbro河流域で3つの地区に分かれており、4のRioja AltaがEbro河上流のLa Rioja州に位置し、全栽培面積の約50%を占める地区

A154　3 🖙 P173

- Galicia州に位置するD.O.Rías Baixasは、栽培されるブドウの約96%が、3のAlbariñoで、フレッシュな白ワインを生産する。魚介類との相性がよく"海のワイン"とも称され、近年アメリカなどへの輸出が盛ん
- 1のTempranilloと4のMonastrellは黒ブドウ
- 2のPalomino (Fino)は、Sherryの主要品種となる白ブドウ (P165)

A155　4 🖙 P175

- Castilla La Mancha州に位置する、4のD.O.La Manchaは、単一の原産地呼称では世界最大の広さ（約16万haを）誇る。主要品種はスペイン最大の栽培面積をもつ白ブドウのAirén、黒ブドウはCencibel
- 1のRuedaはCastilla y León州に、2のPenedèsは地中海地方・Cataluña州に (P174)、3のNavarraは北部地方・Navarra州に (P171)、位置するD.O.

A156　4 🖙 P178

- Cavaは品種・製法が規定されているスパークリングワインのD.O.で、生産量の95%を、Penedèsを中心とするCataluña州が占める
- 主要品種は、1のParellada、3のMacabeo（＝Viura）、4のXarel·loで、すべて白ブドウ
- 酸味をもたらすXarel·loは、ミネラルとフレッシュさがあり、近年この品種100%のGran ReservaクラスのCavaが増加している
- 2のTrepatは、ロゼのCavaのみに使用可能な黒ブドウ

A157　3 🖙 P178

- "Cava de Paraje Calificado"の最低熟成期間は、3の36ヶ月。その他、ブドウは手摘み、単一収穫年のヴィンテージCavaのみなど、厳格な規定がある。2021年現在、8のParaje（＝畑）と10のCava de Paraje Calificadoが認められている

A158　3 🖙 P180

- "Amontillado"はフロールのもとで熟成したのち、酸化熟成したタイプで、熟成途中でフロールが消失したFinoをそのまま酸化熟成させたもの。琥珀色で複雑味があり、シャープな辛口、アルコール度数は3の16〜22度
- 他のSherryのアルコール度数は、"Fino"と"Manzanilla"は1の15〜17度、"Oloroso"と"Palo Cortado"は4の17〜22度

A 159 　4 ☞ P181

- Sherryの熟成年数表示において、VORSは4の30年以上熟成させなければならない。VOSは2の20年以上熟成させる

A 160 　1 ☞ P179

- 1はテラロッサをアルバリサにすると正しい。Sherryのブドウはアルバリサと呼ばれる、炭酸カルシウムを25%以上含む真っ白な石灰質土壌で栽培されている
- 2のSherryの主要品種は、白ブドウのPalominoで全体の約95%をも占める
- 3のManzanillaは、Sanlúcar de Barramedaで熟成される、塩みを感じる辛口のSherry（P180）
- 4のSherryの熟成システムを"クリアデラとソレラのシステム"という（P182）

16　Portugal

A 161 　4 ☞ P185

- 4はTinta del PaísをTinta RorizかAragonezにすると正しい。Tempranilloのポルトガルでのシノニムは、Tinta Roriz（＝Aragonez）
- 1にあるようにポルトガルは、イベリア半島の西端、スペインと国境を接し、赤ワインが生産量の60.8%を占める（2018/19年、P184）
- 2のフェニキア人によって、BC6C頃に、ポルトガルでブドウ栽培がはじめられた（P184）
- 3のポルトガルの主要産業は農業で、特にコルクは主要な輸出製品の1つで、世界のコルクの約50%が生産されている（P184）

A 162 　4 ☞ P184、185

- 織田信長が愛飲したといわれるポルトガルの赤ワインは、4の珍蛇酒
- Vinho Tinto（赤ワインの意）の"ティント"が"珍蛇（ちんた）"に変わって伝わったという説がある
- 16C半ばから南蛮貿易が始まり、日本では織田信長等の大名保護のもと南蛮文化が栄えた

A 163　2　☞ P185

- ArintoをFernão PiresかMaria Gomesにすると正しい。栽培面積最大の白ブドウはFernão Pires（＝Maria Gomes）で、黒ブドウはAragonez（＝Tinta Roriz＝Tempranillo）。Arintoは白ブドウ中3位（2018年）
- ポルトガルには250種を超える固有品種があり、1ha当たりの固有品種数は世界最多である

A 164　3　☞ P186

- ポルトガルワイン法において、D.O.C.ワインに対し、アルコール度数が法定最低度数より0.5%以上高い等の条件を満たしたワインには、3のReservaの伝統的表記が認められている

A 165　3　☞ P187

- 3のMinhoの西は大西洋の影響を受けた海洋性の気候、北と東はより大陸的な気候である
- 1はDouro河をMinho河にすると正しい。Minhoはポルトガル北西部に位置し、Minho河一帯に広がるブドウ栽培地区
- 2は1/4を1/8に、28%を14%にすると正しい。Minhoはポルトガルのブドウ収穫量の1/8、栽培面積の14%を占める地域
- 4はTinta RorizをLoureiroにすると正しい。Vinho Verdeは、"グリーンのワイン"という意味で、Loureiroなどから微発泡、フレッシュなタイプの白ワインが多く造られている。Tinta RorizはTempranilloのシノニムで、ポルトガルで栽培面積最大の黒ブドウ（P185）

A 166　2　☞ P188

- ポルトガルのワイン産地は、北部、中部、南部、諸島に大別される（P187）
- 2のBairradaは中部に位置するD.O.C.で、生産量の85%を赤ワインが占め、タンニンの強いBagaから力強い赤ワインが生産される
- 1のSetúbalは南部に（P189）、3のDouroは北部に（P187）、4のPicoはAçores諸島に（P189）、位置するD.O.C.

A 167　4　☞ P188

- 4のColaresは中部に位置するD.O.C.で、フィロキセラフリーの木が残っているのが特徴。Ramiscoから、タンニンや酸が強く熟成のポテンシャルを持つ赤ワインが造られる
- 1のBairrada、2のDão、3のCarcavelosも中部に位置するD.O.C.

A 168　1 ☞ P189

・Alentejanoは "Tejo河の向かい側" を意味し、ポルトガル南部の大部分を占める地方。また、世界有数のコルク産地としても有名である

A 169　2 ☞ P189

・Açores諸島の中で2番目に大きい火山島である2のPico島は、地表がすべて溶岩でおおわれており、Curraisという溶岩石の石垣がある
・かつてロシア皇帝や英国の宮廷で愛されたLajidoは、この島の代表的な中辛口タイプの酒精強化ワイン
・1のTejoは中部に (P188)、3のMadeiraはMadeira島に、4のDouroは北部に (P187)、位置するD.O.C.

A 170　2 ☞ P185、190

・D.O.C.Portoは、2の1756年に、世界で初めて原産地呼称管理法の指定を受けた地域

A 171　1 ☞ P190

・1のCadastroは "ポイント制度によるPortoのブドウ畑の土地台帳" のことで、6段階に区分されている
・2のEstufa（＝クーバ・デ・カロール）はMadeiraを加熱するための人工的な装置、3のCanteiroは太陽熱を利用したMadeiraの天然の加熱熟成法 (P193)
・4のColheitaはスペシャルタイプのPortのひとつで、収穫年・瓶詰年表示義務があり、瓶詰は収穫後7年以降、I.V.D.P.への申請時期は収穫3年目の7月〜年末、と規定されている (P191)

A 172　2 ☞ P191

・19度を16.5度にすると正しい。Light Dry White Portは白ブドウ原料の比較的辛口に仕上げたタイプのPortで、例外的に最低アルコール度数が16.5度まで認められている
・Light Dry White Portは、低温で通常より長めの醗酵後に酒精強化して造られる

16

ポルトガル

A 173　3 ☞ P192

- Madeiraのタイプ（品種）は6つで、白ブドウは1のVerdelho、2のBoal、3のSercial、4のMalvasia、さらにTerrantez、黒ブドウはTinta Negraである
- "辛口で、華やかな香りのあるワイン"に造られるタイプは、3のSercial

A 174　3 ☞ P193

- Madeiraは3年以上の樽熟成が義務付けられていて、熟成年数に応じて以下の表示が可能
- Extra Reservaは、3の15年以上熟成のMadeiraに対して表示が可能
- Reservaは1の5年以上熟成、Special Reservaは2の10年以上熟成、のMadeiraに対して表示が可能

A 175　4 ☞ P192

- 4は75%を85%にすると正しい。Madeiraで品種名（＝タイプ名）を表示するには、表示品種を85%以上使用しなければならない
- 1のMadeiraを酒精強化するためには、96度のグレープ・スピリッツを添加する
- 2のMadeiraのアルコール度数は、17 ～ 22度と規定されている
- 3のMadeiraを加熱する際、人工的な加熱装置"Estufa"を使う場合、35 ～ 50℃で最低3ヶ月加熱する（P193）

17　Germany

A 176　2 ☞ P197

- 2の1720年に、JohannisbergでRieslingの苗木が大量に植樹された
- 1はベネディクト派をシトー派にすると正しい。1136年にシトー派のエーバーバッハ修道院が、Rheingauに設立された
- 3は1760年代を1860年代にすると正しい。1860年代に、RheingauとMoselでブドウ畑の格付けが行われた
- 4は1930年代を1830年代にすると正しい。1830年代に、Ferdinand Oechsleが比重計によるワイン果汁の糖度測定法を提唱した（P202）

A 177　3 ☞ P198

- Einzellageは3の単一畑の意味
- 1の地区はドイツ語表記でBereich、2の集合畑はGroßlage、4の特級区画はVDP.の4段階の品質基準の最高位であるVDP.Große Lageのことをいう（P205）

A 178　2 ☞ P199

- 2のRheinrieslingはRieslingのシノニム。ドイツで栽培面積が最大の白ブドウで、全ブドウ栽培面積の合計を100%としたときに、その23.4%を占める（2020年）
- 1のRivanerはMüller-Thurgauのシノニムで白ブドウ中2位、3のDornfelderは黒ブドウ中2位、4のSpätburgunderはPinot Noirのシノニムで黒ブドウ中1位、の栽培面積（2020年）

A 179　1 ☞ P199

- 1はLembergerをPortugieserにすると正しい。Dominaは黒ブドウで、交配はPortugieser×Spätburgunder
- 2のKernerは白ブドウで、交配はTrollinger×Riesling
- 3のMüller-Thurgauは白ブドウで、交配はRiesling×Madeleine Royale、シノニムはRivaner
- 4のDornfelderは黒ブドウで、交配はHelfensteiner×Heroldrebe

A 180　3 ☞ P200

- 3は13を26に、75%を85%にすると正しい。Landweinの条件として、26ある指定地域のブドウを85%以上使用しなければならない
- 1の地理的表示付きワインの中で、トップカテゴリーのg.U.と、それよりも規定が緩和されたカテゴリーのg.g.A.（＝Landwein）に分けられる
- 2のg.U.は、2021年からの新ワイン法において、次の4段階の格付けに分けられる。格の高い方から順に、①Einzellage→②Gemeinde／Ortsteil→③Bereich／Region→④Anbaugebiet
- 4の地理的表示なしワインであるWeinは、従来のTafelweinに相当する

A 181　2 ☞ P201

- Prädikatsweinには果汁糖度によって、6段階の格付けがある
- 糖度が高い方が格上で、高い方から順に、①Trockenbeerenauslese→②Eiswein→③Beerenauslese→④Auslese→⑤Spätlese→⑥Kabinett、となっている
- 収穫時の最低果汁糖度が110～128°Oeで、過熟状態のブドウか貴腐ブドウで造ったワインは、2のBeerenauslese

A 182　2 ☞ P201

- 2のPrädikatsweinの条件として、各地域で許可されているブドウ品種から造らなければならない
- 1は単一畑を地域にすると正しい。13地域内の1つの地域内で栽培・収穫されたブドウのみで造らなければならない
- 3は"行うことはできるが制限がある"を"一切禁止"にすると正しい。補糖は一切禁止されている
- 4は"表示義務はない"を"表示義務がある"にすると正しい。ワインは公的機関による品質検査を受けるが、公的検査番号(A.P.Nr.)のラベルへの表示義務がある

A 183　2 ☞ P203

- 10%を25%にすると正しい。Süßreserveとは、醗酵後に添加されることがある、未醗酵のブドウ果汁のことで、ワインの甘味を調整し、酸度とのバランスをとるために、全体の25%以内の量で添加することができる

A 184　1 ☞ P204

- ドイツの発泡性ワインをSchaumwein、Sektという(P203)
- Schaumwein、Sektの甘辛度表示の区分はChampagne(P43)と同じで、Extra Trockenの残糖量は1の12～17g/L
- 2の17～32g/LはTrocken、3の32～50g/LはHalbtrocken、4の50g/L超はMild、の残糖量

A 185　4　☞ P204

・ドイツのロゼワインのカテゴリーの中には、単一の赤用品種から造られた4のWeißherbst（Qualitätswein以上の品質であること）と、赤・白ワイン用品種を混醸して造られた2のRotlingなどがある
・1のSchaumweinはドイツの発泡性ワインの総称で、3のWinzersektは瓶内二次醗酵で造られたドイツの発泡性ワインのこと（P203）

A 186　1　☞ P204

・ドイツのロゼワインの中で、赤・白ワイン用品種を混醸して造られるRotlingには生産地域によって独特の名称のものがある
・2のSchillerweinはWürttemberg産、3のBadisch RotgoldはBaden産、4のSchielerはSachsen産、のRotlingの名称
・1のPerlweinはドイツの弱発泡性ワイン（1〜2.5bar）のこと（P203）

A 187　3　☞ P205

・3はErste LageをGroße Lageにすると正しい。4段階ある格付けのうち、最も高い格付け畑は“VDP. Große Lage”で、特級区画＝グラン・クリュ。“VDP. Erste Lage”は2番目の格付け畑で、1級区画＝プルミエ・クリュ
・VDP. Die Prädikatsweingüterは、1にあるように、1910年に設立された、ドイツのブドウ畑の格付けを推進している生産者団体
・2の検査は、近年約200の加盟生産者を対象に行われている
・4のVDP. Gutsweinは4番目の格付けで、醸造所名入りワイン。他に3番目の格付けとして、VDP. Ortswein（市町村名入りワイン）がある

A 188　2　☞ P206、207

・2のWürttembergは“ドイツ最南に位置するドイツ最大の赤ワインの産地”として有名
・1のPfalzはワイン生産量・栽培面積が2番目に大きい、3のBadenは2と同様ドイツ最南に位置しワイン生産量・栽培面積が3番目に大きい、4のAhrは赤ワインの生産比率が最も高い（栽培比率は80%を超える）、ワイン産地

17

ドイツ

43

A 189 | ☞ P206、207

- |のHessische Bergstraßeは、栽培面積が最小で、ドイツのToscanaとも称される風光明媚なワイン生産地域
- 2のRheingauは、最高品質のRieslingの生産地域で、赤ワインの産地であるAssmannshausenも有名
- 3のSaale-Unstrutはドイツ最北に位置する、4のFrankenは"ボックスボイテル"という伝統的なボトルが有名な、ワイン生産地域

A 190   3 ☞ P209

- 有名な銘醸畑であるScharzhofbergは、MoselのSaar地区の3のWiltingen村に位置する
- |、2、4はすべてRheingauのJohannisberg地区に位置する村。|のJohannisberg村にはSchloss Johannisberg、2のWinkel村にはSchloss Vollrads、4のHattenheim村にはSteinberg、という有名な銘醸畑がある

18 Austria

A 191 | ☞ P212

- オーストリアのワイン生産地域は東端部に集中し、最大のNiederösterreich州 (P217) と2番目に大きいBurgenland州 (P218) で全栽培面積の約88%をも占めている

A 192   2 ☞ P213

- オーストリアのブドウ栽培面積は、白ワイン用品種約2/3、赤ワイン用品種約|/3の割合
- 白ブドウの栽培面積 (2021年) は、|位Grüner Veltliner (全ブドウ中|位で、全体の約33%を占める) →2位Welschriesling→3位Riesling (=Rheinriesling) →4位Chardonnay (=Morillon)

A 193　2 ☞ P214

- 2は5段階を6段階にすると正しい。Prädikatsweinの中でさらに6段階の格付けがある
- 1のHeurigeは新酒のことで、ワイン生産者兼居酒屋のこともHeurigeという（P212、219）
- 3のBergweinとは、傾斜が26度を超える段丘や急斜面にある畑のブドウから造られる、"すべてのカテゴリー"のワインに対する名称で、オーストリアワインに伝統的に認められてきた表記
- 4の果汁糖度の単位として、KMW糖度が採用されており、この値が高いほど格付けが高いワインとなる

A 194　4 ☞ P217

- Niederösterreich州に位置するWachau D.A.C.には、ワイン法とは別に独自の3段階の格付けがある
- 4のFederspielは2番目の格付けで、"鷹狩の道具"にちなんで命名
- 2のSmaragdは最高級の格付けで、"エメラルド色のトカゲ"に由来
- 3のSteinfederは3番目の格付けで、"きゃしゃな野草"になぞらえて命名
- 1のSchilcherはWeststeiermark D.A.C.で造られる、強烈な酸が特徴のロゼワイン（P220）

A 195　1 ☞ P218

- Niederösterreich州に位置する1のWeinviertel D.A.C.は、オーストリア最大で最北に位置する限定的生産地域であり、最初のD.A.C.。ブドウ栽培面積の約半分がGrüner Veltlinerで、D.A.C.を名乗るにはこれを使用しなければならない
- 2のKremstal D.A.C.はNiederösterreich州に（P217）、3のNeusiedlersee D.A.C.と4のRosalia D.A.C.はともにBurgenland州に（P219）、位置する
- 4のRosalia D.A.C.は2018年に認定された、栽培面積最小のD.A.C.（P219）

19 Hungary

A 196   1   🕮 P222

- 1は海洋性気候を大陸性気候にすると正しい。ハンガリーの気候は主に大陸性気候で、冬と夏の気温差が大きい
- 2のハンガリーのワイン生産は、ベネディクト派の宣教師達により拡大していった
- 3のTokajでは、1737年に原産地呼称が導入された (P224)
- 4のハンガリーワインは、O.E.M.、O.F.J.、Asztali bor/Magyar bor、と3つのカテゴリーに大別され、現在O.E.M.には32のP.D.O.が認定されている (P223)

A 197   3   🕮 P222

- オーストリアでBlaufränkischと呼ばれる黒ブドウは、ハンガリーでは3のKékfrankos、ドイツではLembergerと呼ばれ、栽培面積が全ブドウ中1位の品種 (2020年)
- 1、2、4はすべて白ブドウで、2のBiancaは白ブドウ中1位の品種 (2020年)。1のHárslevelűと4のFurmintはTokajの主要品種 (P224)

A 198   2   🕮 P223

- ZemplénをBalatonにすると正しい
- ハンガリーのワイン産地は6のP.G.I.に大別され、その中に32のP.D.O.が認定されている
- Balaton P.G.I.は西部のBalaton湖周辺の地方で、国内で最たる火山地帯であるBadacsony P.D.O.などが有名産地。Dunántúli P.G.I.ではハンガリー北西端、オーストリアとの国境に接するワイン産地 "Sopron P.D.O." が有名

A 199   4   🕮 P223

- Kékfrankosを主体とする国際的に有名な赤ワイン "Egri Bikavér" の産地は、4のEger P.D.O.で、Felső-Magyarország P.G.I.に属する
- 1のVillány P.D.O.はハンガリー最南端に位置し、3のSopron P.D.O.とともにDunántúli P.G.I.に属する。2のKunság P.D.O.はハンガリー最大のワイン生産地方で、Duna-Tisza Közi P.G.I.に属する

A200　4 ☞ P224

・Tokaj Wineの品質区分の1つに、4のSzamorodni（"自然のままに"という意味）がある
・1のAszúも品質区分の1つで、残糖量は120g/L以上
・2のPuttonyはTokaj Wineを造る際に使用する背負い桶のこと
・3のEszenciaも品質区分の1つで、残糖量は450g/L以上

20　Switzerland

A201　2 ☞ P226

・"東部ドイツ語圏のSuisse Allemand" を、"西部フランス語圏のSuisse Romande"にすると正しい
・Suisse Romandeは、スイス最大のワイン生産地域で、生産量は全体の80%を占める。東部ドイツ語圏のSuisse Allemandは、第2のワイン生産地域で、14%を占める。また、南部イタリア語圏のSuisse Italienneが6%を占める

A202　2 ☞ P227

・2のFendantはChasselasのシノニムで、栽培面積が白ブドウ中1位（全ブドウ中2位）と、スイスを代表する白ブドウ。全ブドウ中1位の品種はPinot Noir（2020年）
・1のChardonnayの栽培面積は、白ブドウ中3位（2020年）
・3のMüller-Thurgauは白ブドウ中2位、4のGamaretは黒ブドウ中4位、の栽培面積（2020年）

A203　4 ☞ P228

・Suisse Romandeに位置するVaud州は、Léman湖畔沿いを中心に広がるスイス第2のワイン産地で、4のChasselasが生産量の約60%を占める
・1のGaranoirはスイスの黒ブドウで、Gamay×Reichensteiner B28の交配品種（P227）
・2のMerlotは黒ブドウ中2位（全ブドウ中3位）、3のSylvanerは白ブドウ中4位の栽培面積（2020年、P227）

A204　3 ☞ P229

- Suisse Romandeに位置するGenève州でのChasselasのシノニムは、3の Perlan。Chasselasのシノニムは他に、Fendant、Gutedel等がある(P227)
- 1のMalvoisie、2のRuländer、4のGrauburgunderはすべてPinot Grisのシノニム (P227)

A205　2 ☞ P228

- 2のValais州は、Suisse Romandeに位置するスイス最大のワイン産地で、 Pinot NoirとGamayを85%以上使う "Dôle" という赤ワインや、毎春継ぎ 足しながら熟成させる白ワインの"Vin des Glaciers"が名産品
- 1はGenève州をVaud州にすると正しい。Vaud州のLausanne付近にある Lavaux地区は、2007年にユネスコの世界遺産に登録された (P226)
- 3はFederweissをOeil de Perdrixにすると正しい。Neuchâtel州では、"山 うずらの眼" を意味するOeil de Perdrixという、Pinot Noir主体のロゼ ワインが造られている (P229)
- 4はPinot NoirをMerlotにすると正しい。Suisse Italienneに位置してい るTicino州は、スイスで最も南にあるワイン産地で、Merlotから造られ る軽快なロゼ・白ワインが、"Merlot del Ticino" の愛称で親しまれてい る (P230)

---

21 | Luxembourg

A206　2 ☞ P232

- 2は海洋性気候と大陸性気候を入れ替えると正しい。ルクセンブルク は、"大陸性気候"の影響を含んだ"海洋性気候"である
- 1のルクセンブルクの位置は、フランスとドイツという2大ワイン産地 に挟まれ、ベルギーとも国境を接している
- 3のワインの生産割合は、9割が白ワインで、その3割を占めるのが瓶 内二次醗酵のスパークリングワインである
- 4のルクセンブルクのワイン業界は、OPVIと呼ばれる独立したワイン メーカー56社、ネゴシアン5社と協同組合で成り立っている

A207　3 ☞ P232、Map P39

- ルクセンブルクのワイン産地は、国の南東部、ドイツとの国境に流れる3のMosel河左岸で、南北42kmにわたる

A208　1 ☞ P233

- 過去には4割のシェア（＝栽培面積の割合）を誇った、ルクセンブルクを代表するドイツ系白ブドウ品種である1のRivanerは、日常ワイン用として楽しまれていて、現在もシェア22％と最大である
- 2のPinot Grisはシェア16％、4のAuxerroisは15％、の白ブドウ品種
- 3のElblingはドイツ系白ブドウ品種で、一時は栽培面積の9割をも占めていた

A209　2 ☞ P233

- ルクセンブルクで2015年に導入された新A.O.P.の格付けは、上から順に、3の"Lieu-dit（最上の畑のワイン）"→2の"Coteaux de（優良な畑のワイン）"→4の"Côtes de（調和のとれた日常ワイン）"

A210　3 ☞ P234

- ルクセンブルクのワイン産地は、Stadtbredimusから北を"北部"、2のRemichから南を"南部"と分けている
- 3のGrevenmacherは北部、1のSchengenと4のWellensteinは南部に位置する
- 北部の土壌はMuschelkalk（＝貝殻石灰質）、南部の土壌はKeuperという、砂や粘土などで構成される泥土岩

22 Slovenia

A 211 1 ☞ P236

- スロヴェニアはイタリアのTriesteの東側に位置し、イタリア、オーストリアと国境を接する。生産者の9割以上は畑面積1ha未満の小規模生産者
- スロヴェニアでは単一ブドウ品種から造るワインが主流。白ワインの生産量の方が多いが、赤ワインの大部分は、イタリアとの国境沿いからアドリア海沿岸の地中海性気候の土地、Primorska地域で造られている

A 212 4 ☞ P236

- 4のRefoškは黒ブドウで、栽培面積が全ブドウ中2位 (2020年)
- 1のChardonnayは、栽培面積が全ブドウ中3位 (2020年)
- 2のRebulaは白ブドウで、Ribollaのシノニム
- 3のLaski Rizlingは白ブドウで、栽培面積が全ブドウ中1位 (2020年)

A 213 4 ☞ P237

- スロヴェニアの統制保証原産地産伝統的ワインは4の P.T.P.
- 3のP.D.O.は原産地呼称保護だが、古くからの表示である1のZ.G.P.として販売されることが多い
- 2のP.G.O.は地理的表示ワインで、認定された3地域のいずれか1地域のブドウを85%以上使用し、その原産地を表記できる

A 214 4 ☞ P237

- スロヴェニアのワイン生産地は、Primorska、Posavje、Podravjeの3地域に分かれており、この中に9の統制保証原産地区がある

A 215　3 ☞ P237

- 3のPosavjeは南東部に位置する、Cvičekというロゼワイン（P.T.P.に認定）が代表的なワイン生産地域で、半大陸性気候。3つの統制保証原産地区がある
- 1のPrimorskaは、北はアルプス、南西はアドリア海に接する、地中海性気候の温暖な地域。白ワインの多いスロヴェニアでは珍しく、赤ワイン用品種も多く栽培され、黒ブドウのRefoškが有名。4つの統制保証原産地区がある
- 2のPodravjeは、アルプスの東端に接するハンガリー平原の地域で、大陸性気候。スロヴェニア最大のワイン地区 "Stajerska Slovenija" が位置する。2つの統制保証原産地区がある

23　Croatia

A 216　2 ☞ P238

- ティレニア海をアドリア海にすると正しい。クロアチアはアドリア海を挟んでイタリアと向かい合っている
- 観光は国の重要な産業の1つで、アドリア海岸最南端に位置するDubrovnikは、観光地として有名

A 217　1 ☞ P239

- クロアチアで栽培面積最大の品種は、1の白ブドウのWelschrieslingであり、Graševinaのシノニム（2018年）
- 2のPinot Bijeliは白ブドウで、Pinot Blancのシノニム
- 3のMalvazijaは白ブドウで、栽培面積は全ブドウ中2位（2018年）
- 4のPortugizacは黒ブドウで、Portugieserのシノニム

A 218　1 ☞ P239

- Blaufränkischのクロアチアでのシノニムは、1のFrankovka
- 2のPlavac Maliは黒ブドウで、栽培面積は全ブドウ中3位（2018年）
- 3のPinot Siviは白ブドウで、Pinot Grisのシノニム
- 4のTraminacは白ブドウで、Gewürztraminerのシノニム

A 219　I ☞ P240

- クロアチアのワイン産地は、4つのリージョンに分けられ、12のサブリージョンと72の小地区を内包する
- 1のHrvatska Istraは、1000年以上にわたりワイン生産が盛んな地域。白ブドウはMalvazija、黒ブドウはTeranが代表品種
- 2のSjeverna Dalmacija南部では、土着品種"Babic"の栽培が盛ん
- 3のSlavonijaはクロアチアで最大規模の産地で、"スラヴォニアン・オーク"の産地としても有名 (P241)
- 4のZagorje–Medimurjeは、クロアチアで最北に位置する産地。ワイン造りに長い歴史を持ち、白用品種が多く栽培されている (P241)

A 220　3 ☞ P240

- 3のPlešivicaは、黒ブドウのPortugizacからの新酒（ワイン名も品種名と同じPortugizac）やBermetという伝統的な方式で造られる甘口ワインやスパークリングワインでも知られる産地
- 1のPrigorje–Bilogoraには、2の首都Zagrebが位置する (P241)
- 4のHrvatsko Podunavljeは、クロアチア最東部に位置する。この地にワイン造りを持ち込んだ古代ローマ人に理想の土地とされ、古くからブドウが栽培されてきた (P241)

24　Romania

A 221　3 ☞ P242

- 3のルーマニアは、南部をブルガリア、北部はウクライナ、西部はセルビア、北西部はハンガリー、北東部がモルドバと国境を接し、東部は黒海に面している
- 1は6000年を4000年にすると正しい。ルーマニアのワインの歴史は古く、4000年前まで遡る
- 2は向上を低下にすると正しい。1944年からの共産主義時代、特に質より量を重視したチャウシェスク政権下で、ワインの品質は低下した
- 4はモルドバをEUにすると正しい。ワイン法 (D.O.C.法) はEUの規則に準じている (P244)

A222　2 ☞ P243

- "白い乙女"を意味するブドウは、2のFetească Albă（白ブドウ）
- 1のFetească Neagră（黒ブドウ）は"黒い乙女"を、3のGrasă de Cotnari（白ブドウ）は"大粒"を、4のBăbească Neagră（黒ブドウ）は"黒い貴婦人"を、意味するブドウ品種

A223　2 ☞ P243

- 白ブドウ品種であるFetească Regalăの意味は、2の"高貴な乙女"
- 1の"ボホティンのバジル"はグリブドウのBusuioacă de Bohotin、3の"黒い貴婦人"は黒ブドウのBăbească Neagră、の意味である
- 4の"黒い乙女"は黒ブドウのFetească Neagrăの意味。古い品種でルーツは不明だが、モルドバと共通の土着品種

A224　3 ☞ P244

- ルーマニアの原産地呼称保護ワインは3のD.O.C.で、33の産地が認定されている。ルーマニアワイン法は、EUの規則に準じている
- ルーマニアの地理的表示保護ワインは1のI.G.P.で、12の産地が認定されている
- 2のP.D.O.と4のP.G.I.は、スロヴェニアの地理的表示付きワイン（P237）

A225　2 ☞ P244、245

- 7つを8つ、Terasele Dunării地方をDealurile Moldoveiにすると正しい。ルーマニアワイナリー協会は、ワイン産地を8つに区分し、その中でDealurile Moldoveiが最大の産地である

---

25 Bulgaria

A226　2 ☞ P246

- クリミア半島をバルカン半島に、カスピ海を黒海にすると正しい。ブルガリアはヨーロッパ南東部バルカン半島に位置し、北部にはドナウ河が流れ、東部は黒海に接している

A 227　1　☞ P246

- ブルガリアの古代品種で、栽培面積が全ブドウ中3位、約10%を占める黒ブドウは1のPamid（2021年）
- 2〜4もすべてブルガリアの古代品種
- 2のRed Misketは白ブドウで、シノニムはMisket Cherven
- 3のDimyatはフルーティでフレッシュなワインとなる白ブドウ
- 4のMelnikは南西部のMelnik地方原産で、非常に質が高い黒ブドウ

A 228　3　☞ P246

- Rubinは3の "Syrah × Nebbiolo" の交配品種

A 229　3　☞ P246

- 3のGamzaのシノニムはKadarkaで、比較的酸度が高く、タンニンは少ない黒ブドウ
- 1はフレーヴァードワインを蒸留酒にすると正しい。バルカン半島では、Rakiyaという蒸留酒が多く生産され、食前酒として楽しまれている
- 2はエトルリア人をトラキア人にすると正しい。ワイン造りの歴史は紀元前までさかのぼり、ブルガリア人の祖先にあたるトラキア人がワイン造りを行ってきた
- 4はP.D.O.をP.G.I.にすると正しい。地理的表示保護ワインであるP.G.I.には、Thracian ValleyとDanube Plainの2つが登録されている（P247）

A 230　4　☞ P247

- 畑面積がブルガリア全体の約3割を占めるのは4のDanube Plain P.G.I.
- 1のStruma Valley P.D.O.は、ブドウ栽培に最適な火山性土壌で、赤ワイン用品種の栽培に優れ、なかでもブルガリアで人気の高い "Melnik" に定評がある
- 2のThracian Valley P.G.I.は、ブルガリアの南半分を占める。中央部のAsenovgradを中心とした地域は、土着品種の黒ブドウ "Mavrud" の故郷で、古くから有名なワイン産地
- 3のBlack Sea P.D.O.は、ブルガリア最東部に位置し、この地域の地形のほとんどが丘陵地。昔からブドウ栽培が盛んな地域で、白ワイン用品種に定評がある

26 Greece

A231　1 ☞ P248

・古代ギリシャ人はワインの健康にもたらす影響を知っており、哲学とも結びついていた。symposiaではワインを飲みながら哲学的なテーマを話し合い、その場でワインをサービスする人はoenochooiと呼ばれ、ソムリエの原型であった

A232　3 ☞ P249

・白ブドウは3のRobolaで、Ionia諸島で成功した品種
・1のMavrodaphneは主にPatrasで生産され、辛口・甘口・酒精強化ワインなどが造られる。2のAgiorgitikoは豊かなボディとタンニンが特徴で、Nemea地域で主に栽培されている。4のXinomavroはギリシャを代表する黒ブドウで、明るいルビー色でしっかりとした酸味とタンニンが特徴

A233　4 ☞ P249、250、252

・Retsinaの主要品種である、白ブドウのSavatianoの主な栽培地として知られるのは4のAtticaで、首都Athensが位置するギリシャ最大の産地

A234　1 ☞ P251

・ギリシャを代表する高品質赤ワインの産地で、Xinomavro単独品種のアペラシオンは、1のNaoussa P.D.O.
・2のZitsaは、Epirus唯一のP.D.O.（P252）。3のRapsaniは、Thessalyで最も重要なP.D.O.（P252）。4のSantorini P.D.O.の主要品種はAssyrtikoで、辛口ワインの他に、伝統的に甘口ワインのVinsantoも仕込まれる（P253、254）

A235　3 ☞ P251

・Domaine Carrasによって創設された、Halkidiki半島に位置するP.D.O.は、3のSlopes of Meliton（旧Côtes de Meliton）
・1のAmyntaio P.D.O.は、Xinomavro単一品種の赤ワインが主体、赤とロゼ（スティル・発泡性）の生産が認められている。2のGoumenissa P.D.O.は、広大なマケドニア平野の北東部に位置する。4のPatras P.D.O.は、果皮がピンクの白ブドウRoditisから香り高い白ワインを生産する（P253）

27 Moldova

A236　2 ☜ P256

・カスピ海を黒海にし、ウクライナとルーマニアを入れ替えると正しい。モルドバは黒海北西の南東ヨーロッパに位置し、西はルーマニア、東と南はウクライナと国境を接している

A237　3 ☜ P256

・モルドバで最もワイン造りが盛んだったのは3の15C後半、モルドバ公シュテファン・チェル・マーレの時代

A238　4 ☜ P257

・ルーマニアでのシノニムが "Băbească Neagră" であるモルドバの土着品種は4のRară Neagrăで、黒ブドウ。ルーマニア語で "rară" とは "貴重" という意味
・1～3はすべてモルドバの土着品種
・1のFetească Albă (P256) と2のFetească Regalăは白ブドウで、それぞれ "白い乙女"、"高貴な乙女" の意。3のFetească Neagrăは黒ブドウで、"黒い乙女" の意

A239　1 ☜ P257

・モルドバの原産地呼称にはD.O.P.とI.G.P.の2種類があり、I.G.P.は指定された地域あるいは食品の名称が対象となっている
・モルドバのD.O.P.に登録されているのは、1のCiumaiとRomăneștiの2つのワイナリー (2016年時点)。D.O.P.はEUの規定に即した基準である
・2、3はI.G.P.に登録されており、2のCodruは中央部、3のValul lui Traianは南西部のI.G.P.
・4のDivinはモルドバ全域で製造可能な、指定された方法で造られたワインスピリッツ (ブランデーなど) に対する呼称で、I.G.P.に登録されている。2回蒸留し、最低3年間オーク樽で熟成させる

A240　I ☞ P257

・モルドバのワイン産地 "Ştefan-Vodă" で一番多く栽培されているブドウ品種は、Iの Rară Neagră
・I、2は黒ブドウで、モルドバの土着品種

28　Georgia

A241　4 ☞ P258

・ジョージアの国土の80%は山岳地帯で、西の黒海と東のカスピ海をつなぐ形で東西に4のコーカサス山脈が走っている

A242　2 ☞ P258

・クヴェヴリとチャチャを入れ替えると正しい。ワイン造りは "Chacha（チャチャ）" と呼ばれる "果肉、果皮、種、茎"を、ワイン醸造用の伝統的な素焼きの壺である"クヴェヴリ"に入れて醗酵させる

A243　2 ☞ P258

・ジョージアのワイン輸出先（2020年）は、I位ロシア→2位ウクライナ→3位ポーランド
・ジョージアのワイン輸出量は約9,240万本で、輸出品目のトップはKakheti地方Kindzmarauliの赤のセミスイートワイン（2020年）

A244　I ☞ P259

・ジョージアで栽培面積が全ブドウ中I位（2019年）の土着品種は、Iの Rkatsiteli で、全体の約62%を占める白ブドウ。Kakheti地方の主要品種で、テーブルワインからアペラシオンまで幅広いレンジで造られる
・2の Tsolikouri は白ブドウで、Imereti地方で盛んに栽培される
・3の Saperavi は全ブドウ中2位の黒ブドウで、品種名には"色を付ける"という意味がある
・4の Mtsvane Kakhuri は全ブドウ中3位の白ブドウで、クヴェヴリ醸造により高品質ワインが造られる

A245 3 ☞ P259

- 3のジョージア最大のP.D.O.はKakheti P.D.O.
- 1はImeretiをKakhetiにすると正しい。25のアペラシオンがP.D.O.として登録されており、このうち19がKakheti地方にある
- 2のジョージアではワインの醸造・生産は、国家の免許制度などでは管理されておらず、個人が自宅でワインを醸造し販売することが許されている (P258)
- 4は大陸性気候を亜熱帯気候にすると正しい。Imereti地方はジョージア西部の代表的な産地で、亜熱帯気候で降水量は多く、冬季は黒海の影響を受けて温暖。この地方では"クヴェヴリ"は"Churi"と呼ばれ、地上に設置して使われる

---

29 United Kingdom

A246 2 ☞ P260

- カナリア海流をメキシコ湾流に、地中海性を海洋性にすると正しい。英国南部は、メキシコ湾流(=北大西洋海流)によって温められる海洋性温帯気候である

A247 3 ☞ P260

- Britain島南東部の修道院でブドウ栽培とワイン醸造が行われるようになったのは、3の6C

A248 3 ☞ P261

- EnglandとWalesにおける全ブドウ栽培面積 (2020年) は、1位Pinot Noir→2位Chardonnay→3位Meunier→4位Bacchus→5位Seyval Blanc

A249 1 ☞ P261

- 2011年導入の英国ワイン法により、地理的表示が保護されるようになったのは、1のWalesとEngland

A250　4 ☞ P261

- 2017年にP.D.O.に登録された単独所有畑は、4のDarnibole
- East Sussex州およびWest Sussex州からなる、Sussex地方で生産する
ワインの名称が2のSussex。Sussexは現在P.D.O.の審査中で、D.E.F.R.A.
による一時的な保護を受けている

30　United States of America

A251　1 ☞ P264

- 全米の州別ワイン生産量 (2020年)は1位California州→2位Washington州
→3位New York州→4位Oregon州
- California州は全生産量の約80%を占める

A252　2 ☞ P264

- フンボルト海流をカリフォルニア海流にすると正しい。アメリカの太
平洋岸地域では、寒流のカリフォルニア海流が北から南へ流れており、
その影響で海に近いほど冷涼で、内陸に入るほど暑く、乾燥する
- New York州の大西洋岸では、冬の寒さは厳しく、夏は蒸し暑い

A253　4 ☞ P265

- 19C後半に、フィロキセラ被害が最初に発生したのは4のSonoma
- 西部では、19C後半のゴールド・ラッシュによる人口の急増で、ワイン
需要が拡大した

A254　1 ☞ P265

- アメリカ及び南米で栽培されている、色が濃くタンニンの強いワイン
を造る黒ブドウは、1のPetite Sirah
- 2のFrench Colombardは、フランスCognac地方原産の白ブドウ
- 3のZinfandel (＝Primitivo)は、クロアチアの土着品種 "Tribidrag" にル
ーツがあり、イタリア南部のPugliaでも生産される黒ブドウ
- 4のRuby Cabernetは、Californiaで開発された、Cabernet Sauvignon×
Carignanの交配品種

30

アメリカ

59

A255　4 ☜ P266

- ・4のOregon州では、ラベルに収穫年を表示するには（A.V.A.表示の場合）、95%以上当該のブドウを使用しなければならない
- ・1は1920年を1935年にすると正しい。アメリカのワイン法が制定されたのは1935年で、1978年に法改訂された。1920年は、禁酒法の制定年（P265）
- ・2はAssociationをAreasにすると正しい。A.V.A.の正式名称はAmerican Viticultural Areas
- ・3は75%以上を100%にすると正しい。California州でラベルに州名を表示する場合、州のブドウを100%使用しなければならない

A256　1 ☜ P267

- ・1のSemi-Generic Wineは、"ワイン名の一部にヨーロッパの有名ワイン産地名を使ったワイン"で、2006年から指定されたSemi-Generic名称の使用が禁止された
- ・3のMeritage Wineは、"Bordeaux原産のブドウ品種をブレンドした、Bordeauxタイプの高品質ワイン"。"Meritage"は、Merit（メリット）とHeritage（遺産）を合わせた造語
- ・2のVarietal Wineは、"ブドウ品種名をラベルに表示したワイン"
- ・4のEstate Bottledは、"生産者元詰め"の意

A257　1 ☜ P269

- ・2021年現在、California州には5,900軒を超えるワイナリーがあり、アメリカワイン総生産量の約80%を生産している
- ・Californiaワインの国内小売金額は約436億ドル、輸出金額は約13.6億ドルでアメリカの全ワイン輸出金額の95%を占める（2019年）

A258　2 ☜ P269

- ・California州の全ブドウ栽培面積（2020年）は、1位Cabernet Sauvignon→2位Chardonnay→3位Pinot Noir→4位Zinfandel→5位Merlot
- ・白ブドウの2位はFrench Colombard、3位はPinot Gris

A259　1 ☜ P265、269、276

- ・1976年、パリで開催された比較ブラインド・ワインテイスティングで、NapaのワイナリーのCabernet SauvignonとChardonnayがフランスの一流ワイナリーを抑えてそれぞれ1位となった。これによりCaliforniaワインが国際的に認知された

A260　1　☜ P270

- Napa CountyはSan Pablo湾から北側のSaint Helena山の北まで、南北にのびる細長い産地で、土壌は100種類以上もある
- 主要品種は、白ブドウはChardonnay、黒ブドウはCabernet Sauvignon

A261　4　☜ P271

- 4のPetaluma GapはSonoma Countyの南部からMarin Countyの一部を含む、2018年認定の最新のA.V.A.
- 1〜3はNapa Countyに位置する。1のOakvilleは、酸味のしっかりしたCabernet Sauvignonを産出するA.V.A.（P270）
- 2のCoombsvilleは、2011年に認定されたA.V.A.
- 3のCalistogaは、Napa County北端に位置するA.V.A.（P270）

A262　3　☜ P272

- 3のSan Luis Obispo Countyの北半分を占めるPaso Roblesでは、Rhône系品種を多く栽培している
- 1のSanta Clara（P271）、2のMonterey、4のSanta BarbaraもすべてCentral Coastに位置するCounty

A263　2　☜ P272

- Lodi A.V.A.が位置するワイン産地は2のInland Valleysで、California州の日常消費用大型ブランドワインのほとんどが生産されている
- 1のNorth Coastは最も古くからの高級ワイン産地（P270）。3のCentral Coastは、San FranciscoからSanta Barbaraまでの広大な産地（P271）。4のSierra Foothillsは、1840〜50年代に、ゴールド・ラッシュで栄えたNevada周辺に位置し、Zinfandelが代表的なブドウ品種となっている

A264　4　☜ P273

- Oregon州は高品質Pinot Noirの産地として世界的な注目を集めており、栽培面積の約59%を占め1位。2位はPinot Gris、3位はChardonnay

A265　2　☜ P274、Map P48

- 2のWillamette Valleyは、Oregon州最北・最大のA.V.A.でWashington州にまたがっていない。最も冷涼で高品質なPinot Noirの産地
- 1のColumbia Gorge、3のWalla Walla Valley、4のColumbia Valleyは、すべてWashington州とOregon州にまたがっている。3は特にSyrahが世界的に高評価を得ており、4はWashington州最大の広域A.V.A.である

30

アメリカ

61

A266　3 ☞ P274

・Washington州とIdaho州にまたがるA.V.A.は、3のLewis-Clark Valley
・1のLake Chelanと2のRed Mountainは、Washington州に位置するA.V.A.
（P273）。4のSnake River Valleyは、Oregon州とIdaho州にまたがるA.V.A.

A267　2 ☞ P275

・2はドイツ人を オランダ人にすると正しい。New York州で初めてブドウが植えられたのはManhattanで、17C中頃にオランダ人による
・1の州内には、現在471軒のワイナリーがある（2020年）
・3の白ブドウの主要品種は、Riesling、Chardonnay、Niagaraなど
・4のHudson River Regionは、アメリカにおいて商業ベースでワインが生産された最も古い地区

A268　1 ☞ P275

・1のLong Islandは、1970年代からワイン造りが始まった新しい産地で、近年Merlotの評価が高まっている
・2のFinger Lakesは、中央部にあり、州の高品質ワインの生産拠点
・3のUpper Hudsonは、2019年に認定された最新のA.V.A.
・4のChamplain Valley of New York Regionは、2016年に認定された新しいA.V.A.で、New York州で最も北に位置する産地

A269　2 ☞ P275、276

・太平洋を大西洋に、ブルゴーニュをボルドーにすると正しい。Virginia州はアメリカ東部、大西洋岸の南部に位置し、イギリスから最初に独立した東部13州の1つで、初代アメリカ大統領George Washingtonの出身州
・"ボルドーブレンド" の赤ワインや、エレガントなViognierが注目されており、Virginia発祥のNorton種も復活しつつある

A270　2 ☞ P276

・1770年代に、第3代アメリカ大統領Thomas Jeffersonは2のMonticello農園をCharlottesvilleにひらき、現在も周辺には多くのワイナリーがある
・1のVirginia Peninsulaは、2021年に認定された、Virginia州最新のA.V.A.
・3のShenandoah Valleyは、Washington D.C.から車で数時間の距離に位置する、山と谷に囲まれた自然の景観美で知られるA.V.A.
・4のRichmondはA.V.A.ではなく、Virginia州の州都（P275）

31 Canada

A271　4 ☞ P279

- カナダでは、Vitis Vinifera種、交配・交雑品種など合わせて80種以上のブドウ品種が栽培されている
- 1は1711年を1811年にすると正しい。カナダのワイン造りは1811年、ヨハン／ジョン・シラーにより東部のOntario州で始まった (P278)
- 2はQuébecをBritish Columbiaにすると正しい。主要産地は東部のOntario州と西部のBritish Columbia州の2つに集中している (P278)
- 3はAmurensis種をLabrusca種にすると正しい。30～40年前までは、Vitis Labrusca種とフランス系品種との交雑品種を主に使った、地元消費用の甘口ワイン造りが主流であった (P278)

A272　1 ☞ P278

- Ontario州内に、600以上の小売店をもつ酒類の専売公社は、1のL.C.B.O. (＝Liquor Control Board of Ontario)
- 2のV.Q.A.はカナダのブドウ醸造業者資格同盟、3はBritish Columbia州のV.Q.A.認証ワイン、4はBritish Columbia Wine Authorityの略称 (P279)

A273　2 ☞ P279

- British Columbia州での、特定栽培地区の略称は、2のG.I. (＝Geographical Indication)
- 1のA.V.A.はアメリカの政府認定ブドウ栽培地域の略称 (P266)
- 3のD.V.A.はOntario州での特定栽培地区の略称
- 4のO.E.M.はハンガリーの原産地呼称保護ワインの略称 (P223)

A274　1 ☞ P280

- Ontario州のアイスワイン用ブドウの生産量 (2019年) は、1位Vidal→2位Cabernet Franc→3位Riesling

31

カナダ

A 275　3 ☜ P280

・栽培面積がカナダ最大である3のNiagara Peninsulaは、Ontario州に位置し、州内ワイン生産量の60%以上を占める特定栽培地区（＝D.V.A.）
・1のPrince Edward Countyは、Ontario湖北岸の東端に位置する
・2のFraser Valleyと4のOkanagan Valleyは、ともにBritish Columbia州に位置する。2は海洋性気候の、4は州内ワイン生産量の85%以上を占める州内最大の、特定栽培地区（＝G.I.）（P281）

32　Argentina

A 276　2 ☜ P284

・2は"降水量に恵まれており灌漑せず"が誤り。アルゼンチンは降水量が少ない（年間150〜400mm）ので、アンデス山脈からの雪解け水を灌漑に利用している
・1のアルゼンチンのブドウ畑は、国土の西側を南北にのびるアンデス山脈に沿って、直線距離で2,500kmにわたり広がっている
・3の毎年のように降る雹と、"Zonda"という強風による被害が大きい
・4のアルゼンチンは世界でも数少ない大陸性（内陸性）気候の巨大なワイン産地

A 277　2 ☜ P285

・新大陸の発見以降アルゼンチンに伝わった品種はスペインのPalominoの一種。北米ではMission、チリではPaís、アルゼンチンではCriolla（Grande）と呼ばれる

A 278　3 ☜ P285

・1853年、アルゼンチン政府が農事試験場開設に際し招いたのは、3のフランス人植物学者のミシェル・エメ・プージェ
・1のエミール・ペイノーは醸造学者（P251、401）、2のヘルマン・ミュラー（P230）と4のジュール・ギヨ（P17）は植物学者

A279　3 ☞ P285

- アルゼンチンの全ブドウ栽培面積（2020年）は、1位Malbec→2位Cereza →3位Bonarda
- 黒ブドウの栽培面積は、1位Malbec→2位Bonarda→ 3位Cabernet Sauvignon→4位Criolla（Grande）
- 白ブドウの栽培面積は、1位Cereza→2位Pedro Giménez→3位Torrontés →4位Chardonnay

A280　1 ☞ P285

- 20C初めにイタリア移民がアルゼンチンに持ち込んだとされる、現在は イタリアより栽培面積が大きい品種は、1のBonarda

A281　1 ☞ P286

- アルゼンチンの原産地統制呼称ワインは、1のD.O.C.
- 2のA.O.P.はEUおよびフランスの原産地呼称保護ワイン（P11、35）
- 3のD.O.はチリの原産地呼称制度（P292）
- 4のA.V.A.はアメリカの政府認定ブドウ栽培地域（P266）

A282　4 ☞ P287

- 現在D.O.C.として認定されている2つの地区は、4のLuján de Cuyo（2005 年認定）とSan Rafael（2007年認定）で、ともにMendoza州に位置する

A283　2 ☞ P286

- SouthをAtlanticaにすると正しい。アルゼンチンワイン協会はワイン 産地を、Norte、Cuyo、Patagonia、Atlanticaの4地域に分けている

A284　1 ☞ P286

- Cafayateは、1のSalta州の代表産地で、ここで栽培されるTorrontésは、 アルゼンチンで最も個性的で高品質という評価
- 2のCatamarca州と3のTucumán州もNorteに位置する。また、Norteに位 置するJujuy州の畑の最高地点の標高は3,329mにも及び、世界で最も 高地にある
- 4のSan Juan州は、Cuyoに位置するアルゼンチン第2の産地（P287）

32

アルゼンチン

A285　I　☞ P286

・Salta州の代表産地"Cafayate"で栽培され、アルゼンチンで最も個性的で高品質と評価されているブドウ品種は、IのTorrontés。高原の冷気と強烈な日差しの下で育ったTorrontésは、柑橘系のアロマが強くバラの花弁の香りがする
・3のMalbecは、Mendoza州で栽培面積が最大の品種 (P287)

A286　I　☞ P287

・Mendoza州のサブリージョンであるUco Valleyに位置する地区は、IのTupungato。Uco ValleyはMendoza南西部に位置し、標高は州内で高く、MalbecとSémillonを古くから栽培している
・2のSan Rafael (D.O.C.) のサブリージョンはMendoza南部
・3のMaipúのサブリージョンはMendoza北部とPrimera Sonaで、両方にまたがっている
・4のLuján de Cuyo (D.O.C.) のサブリージョンはPrimera Sona

A287　3　☞ P287

・Mendoza州で栽培面積最大のブドウ品種は、3のMalbec
・白品種では4のTorrontésがChardonnayに次いで栽培面積が大きい

A288　3　☞ P287

・アルゼンチン最南端のブドウ栽培地域であるChubut州は、3のPatagoniaに位置し、Chardonnayなどの白品種とPinot Noirが栽培されている

A289　4　☞ P288

・Patagoniaは、アルゼンチンのワイン産地の中で最南端に位置する地域
・Patagoniaでブドウ栽培地として最も標高が低い州は4のRío Negroで、Pinot Noirからのスパークリングワインが注目を集めはじめている
・IのSalta州はNorteに位置し (P286)、2のLa Pampa州と3のNeuquén州はPatagoniaに位置する

A290　I　☞ P288

・Atlanticaは、アルゼンチンワイン協会が2017年に新たに加えたワイン産地で、Mar del Plataの近郊にひらいた新しいブドウ栽培地
・アルゼンチンではめずらしく、海風や霧の影響を受ける産地

33 Chile

A291 4 ☞ P292

- 4は国立ブドウ栽培醸造研究所 (I.N.V.) を農業省農牧庁 (S.A.G.) にすると正しい。チリワイン法は農業省農牧庁 (S.A.G.) が管轄している。また、I.N.V.はアルゼンチンワイン法を管轄している機関 (P286)
- 1の日本におけるチリワインの輸入量は、2020年は前年比3.2%増で、第1位を維持した (P290)
- 2のチリの気候は地中海性気候で、ブドウの生育期間中は乾燥しているので灌漑が必要 (P290)
- 3のチリのワイン産地は、南氷洋から北に向かって流れる冷たいフンボルト海流の影響を受ける (P290)

A292 1 ☞ P290

- チリのブドウ栽培地域は、南緯27～40度の南北1,400kmに、細長く広がっている

A293 1 ☞ P290

- チリは1818年にスペインから独立したあと、1852年にフランスからブドウの苗木 (すべてBordeaux品種) を輸入し、Maipo Valleyをはじめとした、Central Valleyの各地に植え付けた。19C後半にはフランスから栽培・醸造技術者も招聘し、本格的なワイン造りが始まった

A294 4 ☞ P291

- チリの全ブドウ栽培面積 (2019年) は、1位Cabernet Sauvignon→2位Sauvignon Blanc→3位Merlot→4位Chardonnay

A295 2 ☞ P291

- チリでは、Carmenèreは長い間2のMerlotと混同されていたが、もともとはフランスのBordeaux地方で栽培されていた黒ブドウ品種である

33
チリ

A296　Ⅰ ☜ P292

- チリのワイン法を管轄する農業省農牧庁の略称はⅠのS.A.G. (Servicio Agrícola y Ganadero Departamento Protección Agrícola)
- 2のO.I.V.は国際ブドウ・ブドウ酒機構 (P10) の略称
- 3のI.N.V.はアルゼンチンの国立ブドウ栽培醸造研究所 (P286) の略称
- 4のT.T.B.はアメリカのアルコール・タバコ課税および商業取引管理局の略称 (P266)

A297　Ⅰ ☜ P292

- チリの原産地呼称ワイン (D.O.ワイン) は、原産地、品種名、ヴィンテージを表示する場合はすべてにおいて75%以上 (輸出用ワインは、すべて85%以上) 当該ブドウを使用しなければならない
- ラベルに複数品種を表示する場合、いずれも15%以上の使用義務があり、かつ比率の多い順に3種類まで表示可能

A298　3 ☜ P292

- チリワイン法においてチリワインは "Vitis Vinifera種のブドウ果汁を醗酵させたものに限る" などと定義されている

A299　3 ☜ P292

- 2011年より、1のAndes (アンデス山脈側の斜面)、2のCosta (海岸線に面した畑)、4のEntre Cordilleras (海岸山地とアンデス山脈の間) の表記が、原産地呼称表記に付記できるようになった

A300　4 ☜ P293

- チリ北部のD.O.Atacamaで造られるPiscoの主要品種は、4の白ブドウのMoscatel
- Piscoは香料を加えたワインの蒸留酒

A301　3 ☜ P293

- 3のHuasco Valleyは、D.O.Atacamaに位置する
- 1のChoapa Valley、2のLimarí Valley 、4のElqui ValleyはD.O.Coquimboに位置する

A302　3 ☞ P294

- やや湿潤な地中海性気候で、チリ最大のブドウ産地は3のMaule Valleyで、D.O.Central Valleyに位置する
- 1、2、4はすべてD.O.Aconcaguaに位置する（P293）
- 1のSan Antonio ValleyにはD.O.Leyda ValleyというZoneがある
- 2のAconcagua Valleyは、穏やかな地中海性気候で、Cabernet Sauvignon、Syrah等のしっかりした赤が中心
- 4のCasablanca Valleyは、1990年代にチリで初めて開拓された冷涼な畑で、Chardonnay、Sauvignon Blancなどが栽培されている

A303　2 ☞ P293

- MalbecをPaísにすると正しい。チリのブドウ栽培はCentral Valleyから始まり、伝統的にはBordeaux系品種とPaísが栽培されてきたが、最近はテロワールの特徴に合わせた品種の栽培が盛んである

A304　1 ☞ P294

- Cachapoal ValleyとColchagua Valleyが位置するSubregionは1のRapel Valleyで、D.O.Central Valleyに位置する

A305　1 ☞ P294

- 1〜3はすべてD.O.Southに位置する
- 1のMalleco Valleyは、冷涼湿潤な気候でChardonnayが新植され、フレッシュで複雑味のあるワインが生産される
- 2のBío Bío Valleyは、Pinot Noir等ヨーロッパ系品種の栽培が増加
- 3のItata Valleyは、País等が中心だったが、近年Chardonnay等の栽培が増加
- 4のOsorno Valleyは2011年認定のD.O.Australに位置する。D.O.AustralはD.O.Southよりもさらに南に位置するので、Austral（＝南極）と名付けられた

33
チリ

34 Uruguay

A306　2 ☞ P296

- 地中海性気候を温暖湿潤気候にし、南緯20〜25度を南緯30〜35度にすると正しい。ウルグアイは温暖湿潤気候で、ワイン産地は南緯30〜35度の間に位置している

A307　3 ☞ P296

- 1873年、3のフランシスコ・ヴィディエラがヨーロッパよりブドウの苗木を持ち帰り、Montevideoで栽培を始めた
- 1のジェームズ・バズビーは "オーストラリアワイン用ブドウ栽培の父" と呼ばれる人物（P301）
- 2のパスカル・アリアゲはアルゼンチンからウルグアイにTannatを持ち込んだ人物
- 4のシルベストレ・オチャガビアは1852年にフランスからチリにブドウの苗木を輸入した人物（P290）

A308　1 ☞ P296

- ウルグアイにおけるシノニムが"Harriague"であるブドウ品種は、1のTannatで、全ブドウ中栽培面積が最大（2020年、P297）。この品種を初めてウルグアイに持ち込んだパスカル・アリアゲの名に因んでいる
- 2のFolle Noirはフランシスコ・ヴィディエラが持ち込んだ品種で、シノニムは彼の名に因みVidiella
- 3のMalbecと4のBonardaは、ともにアルゼンチンを代表する黒ブドウ品種（P285）

A309　4 ☞ P297

- ウルグアイでは4の垣根仕立が最も多い（約68%）
- 3のリラ仕立も採用されている（約25%）。これは、Y字型にしたブドウ樹の新梢が天に向かってV字型に広がるような仕立て方。風通しが良くなり、湿気や病害に強い

A 310　　2 ☞ P298

- ・ウルグアイのブドウ栽培地域は6つに分けられるが、ワイナリーの多くは南部に集中している
- ・2のMontevideoは、La Plata河の河口に発展したウルグアイ第2のワイン産地（ブドウ栽培面積は全体の約12%）で、首都Montevideoを擁する
- ・1のCanelonesは第1のワイン産地（約66%）で、2のMontevideo同様にMetropolitanaに位置する
- ・3のColoniaは第4の産地で、Litoral Surに位置する
- ・4のPaysandúはアルゼンチンと国境を接する産地で、Litoral Norteに位置する

35　Australia

A 311　　3 ☞ P301

- ・3はSouth Australia州をNew South Wales州にすると正しい。1788年、英国海軍アーサー・フィリップ大佐が、ワイン用ブドウ樹を初めて持ち込んだのは、New South Wales州Sydney近郊
- ・1のオーストラリアのワイン産地は、国の南半分に当たる南緯31度から43度の間に帯状に分布している（P300）
- ・2のオーストラリアには、中小ワイナリーが2,000社以上あり、ワイナリー全体の約8割を占める（P300）
- ・4のジェームズ・バズビーは“オーストラリアワイン用ブドウ栽培の父”であり、1825年にNew South Wales州のHunter Valleyに本格的なブドウ園を開設した

A 312　　1 ☞ P300

- ・“ブレンド（組み立て・構築）主義”を代表するPenfolds社の銘柄は、1のGrange Hermitageで、これと好対照を成すのが“単一畑（1つのテロワール）主義”
- ・“単一畑主義”の代表銘柄は、4のHenschke社の造る3のHill of Graceで、South Australia州Eden Valleyの単一畑・高樹齢のブドウを用いて生産される
- ・2のTahbilk社は、Victoria州Goulburn Valleyに位置する、1860年に設立されたオーストラリアで最も長い歴史をもつワイナリーの1つ（P306）

35

オーストラリア

A 313　4 ☞ P300

・スクリューキャップ（トップシェアはSTELVIN）はオーストラリア発の生産技術の1つ。4のSouth Australia州Clare Valleyのワイン生産者13社が、2000年ヴィンテージの白ワインから揃って採用した

A 314　4 ☞ P301

・4のBYO（Bring Your Own＝レストランへのワイン持ち込み）システムは、アルコール販売の免許をもたない飲食店がサービスの一環として始めたもので、国中に広がるユニークなワイン文化である

A 315　1 ☞ P301

・1877年にフィロキセラが発見されたのは、1のVictoria州Geelong近郊
・3のSouth Australia州はフィロキセラフリーで、New South Wales州、Victoria州にもフィロキセラ以前の古木が多く現存し、いまだにそれらのブドウからワインが造られている

A 316　3 ☞ P301

・1990年代末より、3のShirazが質・量ともにオーストラリアを代表する品種として国内外で捉えられるようになる

A 317　1 ☞ P302

・オーストラリアにおける全ブドウ生産量(2020年)は、1位Shiraz→2位Chardonnay→3位Cabernet Sauvignon→4位Merlot→5位Sauvignon Blanc

A 318　2 ☞ P302

・A.G.W.A.をG.I.C.にすると正しい。G.I.を決定する権限は、G.I.C.（地理的呼称委員会）が持っている
・A.G.W.A.は"オーストラリア・ブドウ・ワイン管理局"のことで、W.A.C.（ワインオーストラリア公社）とG.W.R.D.C.（オーストラリア・ブドウ・ワイン研究開発公社）の合併により発足した新組織

A 319　2 ☞ P302

- 産地名、ヴィンテージ、単一のブドウ品種名を表示する場合はすべてにおいて、2の85%以上を使用していなければならない
- 複数のブドウ品種が使用されている場合、原則的には、すべての品種を多い順に記載する

A 320　3 ☞ P303

- 3のVarietal Blend Wineは、オーストラリア独自のスタイルの品種名表示付きブレンドワインで、ラベル表示は含有量の多い順に品種名を羅列する
- 1のVarietal Wineは品種名表示付きワイン（単一品種名）のこと

A 321　4 ☞ P304

- オーストラリアのワイン産地におけるブドウ生産量（2020年）は、1位South Australia→2位New South Wales→3位Victoria→4位Western Australia→5位Tasmania

A 322　3 ☞ P305

- 1〜4はすべてSouth Australia州に位置する
- 3のCoonawarraは、州の南東の端に位置し、1890年にジョン・リドックが最初のブドウを植えた地。国を代表するCabernet Sauvignonの銘醸地の1つで、テラロッサ土壌（赤い粘土質と石灰岩質のコンビネーション）が特徴
- 1のMcLaren Valeは、イタリア系移民の文化が色濃く出ている産地
- 2のLanghorne Creekは、太古に海だった場所で、母岩には石灰岩があり、テラロッサに似た土壌がみられる
- 4のLimestone Coastは、海岸線沿いに広がる広大な南東域一帯で、テラロッサ土壌の場合が多い

A 323　2 ☞ P305

- 2のRobeはSouth Australia州に位置する、2006年認定の新しい産地
- 1、3、4はすべてNew South Wales州に位置する
- 1のOrangeは標高が2のMudgeeよりも高く、冷涼品種（Riesling、Pinot Noirなど）からShiraz、Cabernet Sauvignonまで幅広い
- 3のMudgeeは標高が高く、Shiraz、Cabernet Sauvignon主体
- 4のHunterでの最初の植樹は1825年で、SémillonとShirazが代表品種

A 324　1 ☞ P306

- 1〜4はすべてVictoria州に位置する
- 1のRutherglenは、MuscatとMuscadelleから造られる酒精強化ワインの生産地として有名
- 2のGoulburn Valleyには、オーストラリアで最も長い歴史を持つワイナリーの1つであるTahbilk社が位置する
- 3のGeelongは、Melbourne南西の海岸沿いに位置しており、1877年に最初のフィロキセラが発見された地
- 4のYarra Valleyは、州を代表する重要産地で、1838年に州内で最初にワイン用ブドウが植えられた

A 325　4 ☞ P306

- 1〜4はすべてWestern Australia州に位置する
- Western Australia州の現在のブドウ栽培の中心は、ファインワイン（瓶内熟成でさらに品質そのものが向上するようなワイン）産地として有名な、南部のMargaret Riverと4のGreat Southernである。この2つは、1995年より調査が開始され、世界的にも珍しく科学的な裏付けをもって開発が進んだ産地'
- 1のGeographeは、ユーカリの森林や自生する灌木の美しい地域で、優れたShirazを産出（P307）。2のSwan Districtは州最古のワイン産地で、中心域のSubregionはSwan Valley。3のBlackwood Valleyは、Margaret Riverから内陸に入った産地で、より大陸性気候となる（P307）

---

36 New Zealand

A 326　3 ☞ P310

- ニュージーランドの国土は南北1,600kmにも及び、ワイン産地は南緯35〜45度、北島と南島に広がり、産地は大きく10に分けられる

A 327　3 ☞ P310、313

- ニュージーランドの主要品種はSauvignon Blancで、全収穫量の約72%を占める
- 南島の東端に位置する3のMarlboroughがニュージーランド最大の産地で、この産地の中でSauvignon Blancの栽培面積は8割を占める

A 328　3 ☞ P310

- 1819年にオーストラリアから北島のNorthlandのKeri Keriに初めて苗木を移植したのは、3のサミュエル・マースデン宣教師
- 1のジェームズ・バズビーは、"オーストラリアワイン用ブドウ栽培の父"と呼ばれ、1836年に北島のNorthlandのWaitangiに開いたブドウ畑から、ニュージーランド初のワインを生産した
- 2のアーサー・フィリップ大佐は、1788年にオーストラリアのSydney近郊でブドウを植樹し、ワイン造りに先鞭をつけた英国海軍の軍人 (P301)
- 4のジョン・ウッドハウスは、1773年にイタリアのSicilia島Marsalaで、酒精強化ワインMarsalaを生産したイギリス人 (P129)

A 329　2 ☞ P311

- スロヴェニアをクロアチアにすると正しい。20C前半、Auckland周辺ではクロアチア（ダルマチア地方）からの移民によりワイン造りが発展した

A 330　2 ☞ P311

- ニュージーランドの、全ブドウ栽培面積 (2021年)は、1位Sauvignon Blanc→2位Pinot Noir→3位Chardonnay→4位Pinot Gris→5位Merlot

A 331　4 ☞ P312

- ニュージーランドのワイン生産の基準、ラベル表記などを管理する組織は、4のN.Z.F.S.A. (ニュージーランド食品衛生安全局)
- 1のS.A.G.はチリの農業省農牧庁 (P292)、2のI.N.V.はアルゼンチンの国立ブドウ栽培醸造研究所 (P286)、3のA.G.W.A.はオーストラリア・ブドウ・ワイン管理局 (P302)

A332　3 ☞ P312

・ニュージーランドでは2007年ヴィンテージより"85%ルール"が適用され、産地名、ヴィンテージ、単一のブドウ品種名を表示する場合、すべてにおいて85%以上を使用しなければならない

A333　2 ☞ P312

・WhakapirauをWaitangiにすると正しい。北島のNorthlandはニュージーランド最北端に位置し、温暖で湿潤な気候。1819年Keri Keriに初めてのワイン用ブドウが植樹され、Waitangiでニュージーランド初のワイン造りが行われた
・NorthlandのWhakapirauはフィロキセラが発見された地区 (P311)

A334　3 ☞ P313

・日本人によるクスダ・ワインズが位置し、Pinot Noirの代表産地として有名なWairarapaのサブリージョンは3のMartinborough (G.I.)。2のGradstone (G.I.) もWairarapaに位置するサブリージョン
・1のWaipara Valley (G.I.) と4のNorth Canterbury (G.I.) は、Canterburyに位置するサブリージョン

A335　1 ☞ P312

・ニュージーランド最東端に位置し、Chardonnay主体の産地は、北島に位置する1のGisborne
・2、3、4も北島に位置し、2のNorthlandはニュージーランド最北端の産地。3のWairarapaは首都Wellingtonのすぐ北東にある産地 (P313)。4のHawke's Bayはニュージーランド第2のワイン産地で、Merlot、Syrah、Cabernet Sauvignonがこの順で多く栽培されていて、各品種とも国内最大の栽培面積 (これらの3品種の合計生産量は国全体の約87%を占める) をもつ (2021年、P313)

A336　1 ☞ P313

・ニュージーランドの気候は多様だが、南島に位置する、世界最南端のワイン産地の1つである1のCentral Otagoのみ半大陸性気候
・2のNelsonは南島の北西部の端に位置し、同じく南島に位置する3のCanterburyはこの中にさらに2つのG.I.がある。4のNorthlandはニュージーランド最北端の産地 (P312)

A337　3 ☜ P313

- 3のBendigoは南島に位置するCentral Otagoのサブリージョン
- 1のKumeu（G.I.）、2のMatakana（G.I.）、4のWaiheke Island（G.I.）はすべて北島のAucklandに位置するサブリージョン（P312）

A338　4 ☜ P313、Map P53

- 1〜4はすべて南島に位置する
- 多くの生産地が東海岸に位置しているのに対し、4のNelsonは北西部の端に位置する

A339　2 ☜ P313

- Central Otagoは南緯45度に位置する世界最南端のワイン産地の1つで、土壌はシスト（変成片岩）が分布。2のPinot Noirが約8割を占め、高品質で世界的な評価を得ている

A340　1 ☜ P314

- ニュージーランドの産地別栽培面積（2021年）は、1位Marlborough→2位Hawke's Bay→3位Central Otago→4位North Canterbury→5位Gisborne

---

37 South Africa

A341　2 ☜ P316

- 海洋性気候を地中海性気候、北東を南東にすると正しい。南アフリカは地中海性気候で、ケープドクターという乾燥した南東の強風のおかげで、防虫剤や防カビ剤の量を抑えられる

A342　2 ☜ P317

- "Steen"は2のChenin Blancのシノニムで、南アフリカにおける栽培面積は全ブドウ中1位、世界における栽培面積も1位である（2020年）

A343　3 ☞ P318

- 3のラベル表示規制は、W.O.産地名を表示する場合は100%にすると正しい。ヴィンテージ、品種名を表示する場合は85%以上使用しなければならない
- 1の原産地呼称は、Wine of Origin（＝W.O.）である（P317）
- 2の南アフリカワイン法は、1973年に制定され、1993年に現W.O.S.A.（南アフリカワイン協会）により改正された（P317）
- 4の瓶内二次醗酵のスパークリングワインには "Cap Classique" の文字が表記される

A344　3 ☞ P319

- 3のRobertsonは、Breede River Valleyに属するDistrict（地区）
- 1、2、4はすべてCoastal Regionに属するDistrict
- 1のStellenboschは、栽培面積1位のDistrictで、17C半ば以来ワイン造りをしている歴史的な街で、Cape Townに次いで古い
- 2のPaarlは、南アフリカ最大の輸出メーカー "K.W.V." のホームタウン
- 4のSwartlandは、Western Cape州最大のDistrict（P318）

A345　1 ☞ P319

- 白ワイン造りが盛んで、18〜19C、ヨーロッパの王侯貴族に愛された甘口の "コンスタンシア" ワインを生産するWardは、1のConstantiaでCape Town（District）に位置する

38　Japan

A346　4 ☞ P322

- 日本のワイン造りは、現在、北海道から4の沖縄県まで、ほとんどの都道府県で行われている
- ブドウ栽培地の北限は北海道名寄市、南限は沖縄県恩納村で、緯度の差は約18度にもなる

A347　4 ☞ P322

・"日本ワイン"を造っているワイナリーは277軒あり、1位山梨県→2位長野県→3位北海道→4位山形県→5位岩手県→6位新潟県の順に多い（2021年）

A348　3 ☞ P322

・3の長野県はすべての栽培地が内陸性気候
・日本全体は内陸性気候のところが多いが、地方により気候は大きく異なっている。1の北海道の後志地方は海洋性気候、空知地方は内陸性気候だが、いずれも梅雨がないのが特徴
・2の山形県では庄内平野を除き内陸性気候の栽培地が多く（日本海側は海洋性気候、P331）、4の新潟県の沿岸部一帯は全般的に海洋性気候で、内陸部は盆地気候（P332）

A349　2 ☞ P323

・1927年を1877年にすると正しい。現在の勝沼にあたる祝村ではじめて民間ワイナリー、大日本山梨葡萄酒会社（現シャトー・メルシャン）が設立されたのは1877年
・1927年は、川上善兵衛がマスカット・ベーリー Aやブラック・クイーンなど独自の交雑品種を新潟県で開発した年

A350　3 ☞ P323、325

・マスカット・ベーリー Aやブラック・クイーンなどを新潟県で開発したのは3の川上善兵衛
・1の雨宮勘解由は、1186年に甲州の栽培を広めたとされる（P324）
・2の山田宥教と4の詫間憲久は、1874年に甲府ではじめて本格的にワインを生産した

A351　3 ☞ P323

・3は2010年を2020年にすると正しい。2010年に甲州、2013年にマスカット・ベーリー A、2020年に山幸、がO.I.V.のリストに品種として掲載されたことにより、この3品種による日本ワインをEUに輸出する際、品種名をボトルに表示可能となった
・1のマスカット・ベーリー A（14.3%）は、甲州（15.1%）に次いで受入（生産）数量が多い（2019年）
・2のMerlotの産地として、長野県塩尻市の桔梗ヶ原が有名（P324、333）
・4のCabernet Sauvignonの生産数量は、山梨県が最も多い（P324）

A352　1 ☞ P323、324

・原料用ブドウの受入（生産）数量（2019年）は、1位 甲州（15.1%）→2位 マスカット・ベーリーA（14.3%）→3位 ナイアガラ（12.0%）→4位 コンコード→5位 シャルドネ→6位 メルロで、これらの上位6品種までで全体の6割以上を占めている

A353　3 ☞ P324

・DNA解析の結果、甲州には欧・中東系種である Vitis Vinifera のDNAに、中国野生種である3の Vitis Davidii のDNAが少し含まれていることが、2013年に解明された

A354　1 ☞ P324

・北海道の生産数量が日本全体の大半を占めるブドウ品種は、1の Kerner

A355　2 ☞ P326

・X字剪定 は2の"棚仕立てで、長梢剪定したもの"であり、日本の伝統的な仕立て方。甲州 のほとんどに採用されている
・1の"棚仕立てで、短梢剪定したもの"で、1990年代以降の九州で多くみられるのは、H字短梢剪定
・3の"棚仕立てで、短梢剪定したもの"で、Chardonnay や Merlot にも採用されているのは、一文字短梢剪定
・4の 垣根仕立て には、ギヨ・サンプル、ギヨ・ドゥーブル、コルドン・ロワイヤがあり、世界中で広く採用されている（P17）

A356　4 ☞ P327

・4は "10%を超えたもの" を "10%以下である" にすると正しい。果実酒の定義として、"ブランデー等のアルコールを加える場合は、総アルコール度数の 10%以下であること" がある
・1〜3は 果実酒 の定義、4は 甘味果実酒 の定義である

A 357　4 ☞ P327

- 酒税法において甘味果実酒は、合成清酒、みりん、リキュール、粉末酒、雑酒とともに、4の混成酒類に属する
- 1の発泡性酒類はビール、発泡酒、その他発泡性酒類、2の醸造酒類は清酒、果実酒、その他醸造酒、3の蒸留酒類には焼酎、ウイスキー、ブランデー、原料用アルコール、スピリッツが属する
- 一般的にスティルワイン、スパークリングワインは果実酒に、酒精強化ワインは甘味果実酒に分類される

A 358　3 ☞ P328

- 日本ワインにおける表示ルールでは、ブドウ収穫年を表示するには、同一収穫年のブドウを3の85%以上使用しなければならない

A 359　2 ☞ P328、329

- 日本の地理的表示制度（G.I.）において、ワインについて指定されている産地は、2の大阪のほかに、山梨、北海道、山形、長野
- 他には焼酎で壱岐、球磨、琉球、薩摩が（P413）、清酒で白山、山形、灘五郷、はりま、三重、利根沼田、萩、山梨、佐賀、長野、日本酒（国レベルのG.I.）が（P412）、リキュールで和歌山梅酒が（P412）、G.I.に指定されている

A 360　3 ☞ P330

- 3は空知地方を後志地方にすると正しい。後志地方はワイン用ブドウの栽培面積、収穫量が北海道内1位で、栽培面積の大半は余市町が占める
- 1の山梨県の北杜市は、2008年に日本初のワイン特区に認定された（P334）
- 2の長野県は、2003年に日本で初めて原産地呼称管理制度を導入（2002年創設）した（P334）
- 4の山形県は、栽培面積日本一のデラウェアの産地（P331）

A 361　3 ☞ P330

- 北海道で最も生産数量が多い品種は、3のNiagaraで、長野県に次ぐ（P325）
- ドイツ系品種の4のKerner、Müller-Thurgau、Bacchusの日本における全醸造量の大半は北海道が占める

38

日本

A362　2 ☞ P331

- 置賜地方の2の赤湯町は南陽市に位置し、山形随一の伝統的なブドウ産地である
- 1の上山市は村山地方に位置し、欧・中東系品種の評価が高い産地
- 3の高畠町は置賜地方に位置する、主要ワイン産地の1つ

A363　4 ☞ P333

- 長野県の"信州ワインバレー構想"の4つのエリア区分は、1の千曲川ワインバレー、2の桔梗ヶ原ワインバレー、3の日本アルプスワインバレー、さらに天竜川ワインバレー
- 県内にある松本盆地、上田盆地と佐久盆地、長野盆地、伊那盆地、を4つのエリアに区分けして、これらの産地化を"信州ワインバレー構想"（2013年に発表）のもと進めている

A364　2 ☞ P334

- 北杜市を笛吹市に、4割を7割にすると正しい。甲州市、山梨市、笛吹市を含む甲府盆地東部は日本の"ワイン造り発祥の地"であり、県内の約80軒のワイナリーのうち7割以上がここにある
- 北杜市、韮崎市、甲斐市を含む甲府盆地北西部は2000年頃から新たな畑が次々ひらかれている注目エリアで、北杜市は2008年、日本初のワイン特区に認定された

A365　2 ☞ P338

- 日本の成人1人当たりのワイン（果実酒＋甘味果実酒）の消費量（2019年度）は2の3.67L/年。果実酒のみの消費量は3.4L/年
- 日本の成人1人当たりの清酒の消費量（2019年度）は4.3L/年

39 テイスティング

A 366　3 ☞ P340

- 標準的なテイスティングでのロゼワインの適温は3の10〜12℃で、発泡性ワインと白ワインも同様の温度である
- 赤ワインは16〜18℃が標準的なテイスティングの適温である

A 367　2 ☞ P340

- 2が誤り。標準的なテイスティングを行う時間は、午前、空腹時が望ましい
- 1、3、4はすべてテイスティングを行う際の望ましい条件

A 368　2 ☞ P340

- テイスティングでは、まずグラスを静かに鼻に近づけ、静止した状態で香りを確認する。次にグラスを数回まわし、さらに香りを確認する

A 369　3 ☞ P341

- 3の熟成した白ワインでは、色調が黄金色から琥珀色となる
- 1の清澄度は、濾過、清澄作業を行わないワインは、健全であっても混濁していることがある
- 2の輝きは、酸度と密接に関係し、酸度がより高いと色素が安定して輝きは強くなる
- 4のワインのアルコール度数、グリセリンの量に関係するのは粘性である

A 370　4 ☞ P342

- "Arômes Secondaires（第二アロマ）" に分類されないのは4のキノコで、これは"Arômes Tertiaires（第三アロマ＝ブーケ）"という熟成由来の香り
- 1のキャンディ、2の吟醸香、3のバナナは"第二アロマ"として、醗酵段階で生まれる香り（P341）

39
テイスティング

A 371 1 ☞ P342

・ワインの味わいにヴォリューム感、刺激性を与えるのは1のアルコール
・2の渋味は、タンニン分に由来する
・3のアタックは、口に含んだ第一印象で、味わいの強弱、広がり具合を見る
・4のボディは、甘味、酸味、アルコールとのバランスを体型で表す

A 372 3 ☞ P343

・3のRotundoneは"スパイシー"（小分類は黒胡椒）に分類される
・1、2、4はすべて"花香"に分類される。小分類は、1のβ-Iononeはスミレ、2のLinaloolはマスカット香、4のGeraniolはバラ、である

A 373 1 ☞ P347

・白ワインの官能表現チャートにおいて"シャープな"は、1の酸味の要素を指す

A 374 2 ☞ P347

・酸味を収斂性にすると正しい。赤ワインの官能表現チャートで、収斂性は"シルキーな"、"固い"、"刺すような"といった言葉で表現される

A 375 2 ☞ P349

・菩提樹を意味するワインテイスティングの用語は2のTilleul/Linden
・1のAgrumes/Citrus Fruitは柑橘系を、3のRéglisse/Licoriceは甘草（P350）を、4のCèdre/Cedarはヒマラヤ杉（P350）を、意味する

40 ワインと料理

A 376 2 ☜ P352

- ワインと料理の組み合わせの基本の1つとして、"シンプルな調理法の料理にはシンプルなワイン、複雑な調理法の料理には複雑なワイン"を合わせる
- 他に"軽い料理には爽やかで軽快なワイン、味わいが強く余韻の長い料理には重厚なワイン"、"地方料理にはその地方のワイン"も組み合わせの基本である

A 377 3 ☜ P352

- Canneléは卵黄を使った焼き菓子（P49）でBordeauxの地方料理（伝統菓子）なので、同じ地方のワインを合わせると、3のSauternes（P53）となる

A 378 4 ☜ P354

- 4のBrandade de Morue（タラとジャガイモのペースト）は、Languedocの地方料理
- 1のRillettes de Tours（トゥール風 豚肉のペースト）、2のBrochet au Beurre Blanc（カワカマスのブール・ブラン・ソース）、3のTarte Tatin（リンゴのタルト）、はすべてVal de Loireの地方料理（P353）

A 379 2 ☜ P353

- Baeckeoffeは"肉と野菜の白ワイン蒸し煮"のことで、2のAlsaceの地方料理である

A 380 3 ☜ P354

- Bouillabaisseは"マルセイユ風の魚介の寄せ鍋風スープ"のことで、Provenceの地方料理なので、同じ地方のワインを合わせると、3のCassis Blanc（P115）となる

A381　3 ☜ P357

- 3のGoulash（パプリカ入りのハンガリー風牛肉のシチュー）はFriuli-Venezia Giulia州の地方料理
- 1のBaccalà alla Vicentina（干しダラのミルク煮込み ヴィチェンツァ風）、2のSarde in Saor（イワシの南蛮漬け）、4のRisi e Bisi（グリーンピースと米を煮込んだリゾット）、はすべてVeneto州の地方料理

A382　1 ☜ P358

- Pollo alla Romana（鶏肉と野菜の煮込み）はLazio州の地方料理なので、同じ地方のワインを合わせると、1のFrascati Secco（P153）となる

A383　2 ☜ P360

- Sicilia州の地方料理は2のFarsumagru（仔牛肉、豚肉加工品、卵、チーズのミートローフ）
- 1のPolpo alla Luciana（サンタルチア風 タコのトマト煮込み）はCampania州（P358）、3のOrecchiette con Cima di Rapa（チーマ・ディ・ラーパのオレッキエッテ）はPuglia州（P359）、4のAragosta Arrosta（伊勢海老のロースト）はSardegna州（P359）、の地方料理

A384　3 ☜ P362

- Gazpacho（トマトを主体とした夏の冷たいスープ）は3のAndalucía州の地方料理

A385　1 ☜ P366

- ドイツの"地元産のハムとチーズの盛り合わせ"は、1のWinzervesper
- 2のEisbein（塩漬けした豚すね肉を茹でたもの）は、バイエルンの地方料理
- 3のSauerbraten（酢漬け肉のロースト）は、ラインラントの地方料理
- 4のHering（酢漬けのニシン）は、復活祭前の断食時の季節料理

41 チーズ

A 386　2 ☜ P368

- 公衆衛生法を食品衛生法にすると正しい。日本では、チーズは食品衛生法に基づく"乳及び乳製品の成分規格等に関する省令（乳等省令）"で定義されている

A 387　2 ☜ P368

- 2はギリシャ軍をローマ軍、ギリシャ式をローマ式にすると正しい。"パンを焼き、ワインを飲み、チーズを食べる"のはローマ軍の兵士によるローマ式の食習慣
- 1のチーズの誕生は、メソポタミア文明と考えられている
- 3の中世のチーズ造りに大きな役割を果たしたのは、修道院である
- 4の上流階級、王侯貴族に愛されたチーズとして、"ブリ"や"ロックフォール"が知られている

A 388　3 ☜ P369

- 若い状態の白カビチーズは全体が白いカビでおおわれるが、熟成が進むと、白カビ菌が分解したタンパク質がさらに熟成して、3のアンモニアが生成される
- 1のカロテンは、山羊の乳には少ないので、シェーヴルタイプのチーズは真っ白い生地となる
- 青カビタイプのチーズは、熟成中に青カビの出す2の脂肪分解酵素により、ピリッとしたシャープで刺激的な風味が強くなる（P370）
- 4のペニシリウム・ロックフォルティは、代表的な青カビ菌（P370）

A 389　4 ☜ P370

- イタリアのモッツァレッラに代表されるタイプは、4のパスタフィラータタイプ
- 1のフレッシュタイプは、ミルクを乳酸菌や凝乳酵素で固めホエイ（乳清）を排出しただけの、熟成していない造りたてのチーズ（P369）
- 2のウォッシュタイプは、"中身が軟らかく、表面を洗ったチーズ"（P369）
- 3のシェーヴルタイプは、一般的に"山羊乳製チーズ"（P369）

A390　2 ☞ P370

・1952年、主要チーズ生産国8ヶ国（フランス、イタリア、スイス、オーストリア、オランダ、デンマーク、スウェーデン、ノルウェー）が締結したのは2の**ストレーザ**協定

A391　4 ☞ P371

・EUで"伝統的なレシピや製法に基づいて製造された製品であることを保証"する伝統的特産品保証の略称は、4の**T.S.G.**
・1の**Organic Farming**はEU産有機農産物マーク、2の**P.D.O.**はEUの原産地呼称保護の略称、3の**P.G.I.**はEUの地理的表示保護の略称

A392　4 ☞ P371

・4は塩分を**乳脂肪分**にすると正しい
・A.O.C.（現A.O.P.）認可チーズの条件は、"**形、重量、外皮、乳脂肪分**"と1の"原料乳の**種類、産出**地域"、2の"**製造**地域と**製造**方法"、3の"**熟成**地域と**熟成**期間"、である

A393　4 ☞ P372

・保管において、4のウォッシュタイプのチーズの表面が白くなってきた場合は、**塩水**や**お酒**などで表面に湿り気を与えるとよい

A394　4 ☞ P378

・**Vallée du Rhône**のA.O.P.チーズは4のPicodonで、**山羊乳**が原料
・1の**Livarot**は**Normandie**（P374）、2の**Brie de Meaux**は**Île-de-France**（P374）、の**牛乳**が原料のA.O.P.チーズ
・3の**Tête de Moine**は"**修道士の頭**"という意味をもつスイスのA.O.P.チーズで、**牛乳**が原料（P388）

A395　3 ☞ P382

・3の**Pecorino Toscano**は**Toscana**州の、羊乳が原料のD.O.P.チーズ
・1の**Fontina**は**Valle d'Aosta**州（P380）、2の**Piave**は**Veneto**州（P381）、4の**Ragusano**は**Sicilia**島（P383）、の**牛乳**が原料のD.O.P.チーズ

42 ワインの購入・保管・熟成・販売

A 396　2 ☜ P391

・0.35gを0.20gにすると正しい。殺菌料として添加される二炭酸ジメチルの、ワイン1kg当たりの使用規制は0.20g以下（2020年認可）

A 397　2 ☜ P391

・"輸出地における輸出通関後の指定場所等で、輸入者が指定した運送人に貨物を引渡す条件" は2のFCAで、運送人渡条件のことをいう
・1のFOBは本船渡条件、3のCFR（C&F）は運賃込条件、4のCIFは運賃・保険料込条件、のことをいう

A 398　4 ☜ P392

・40フィートサイズコンテナの場合、リーファーコンテナなら800c/s、ドライコンテナなら1,200〜1,300c/sの輸送が可能

A 399　1 ☜ P392

・B/L＝Bill of Ladingは1の船荷証券のこと

A 400　3 ☜ P393

・3の有機等の表示は、輸入ワインのボトルステッカー表示義務事項ではない
・1の原産国名、2の輸入者住所、4の引取先は表示義務事項である

A 401　4 ☜ P395

・4は"正面"を"上"に、"立てておく"を"横に寝かせる"にすると正しい。コルク栓のワインは横に寝かせて（ラベルは上に向け）保管する
・デイセラーの場合、1の赤ワインの保管温度は15℃前後
・2のワインの置く場所は、暗所で光は必要なときのみ白熱電灯を点灯
・3のワインの保管方法は、振動は避け、異臭のあるものと一緒にしない

A402　3 ☞ P395

- ワインは3のアルコール度数が高いほど、熟成は遅くなる
- 1の有機酸、2の残存糖分、4の糖以外のエキス分の量、が多いほど、熟成は遅くなる
- その他、ポリフェノールの量が多いほど、アルコール度数が高いほど、熟成は遅くなる

A403　4 ☞ P396

- "飲料売上：A、前月棚卸在庫金額：B、当月仕入金額：C、当月棚卸在庫金額：D、他部署への振替金額：E、社用金額：F、破損金額：G"とした場合、対売上消費金額：H=B+C-D-E-F-G、原価率：I=H/A×100で、4の40%となる

A404　1 ☞ P397

- 酒税法による酒類の定義は"アルコール分1度以上の飲料"で、すべての酒類は、発泡性酒類、醸造酒類、蒸留酒類、混成酒類の4つに大別される

A405　2 ☞ P397

- 2019年の課税数量に占める各酒類の割合は、1位リキュール→2位ビール→3位スピリッツ等→4位発泡酒→5位清酒
- 果実酒は8位である

43　ソムリエの職責とサービス実技

A406　3 ☞ P400

- 温度を下げたときに感じる味わいは、3の"バランスがよりスマートになる"
- 1の"熟成感、複雑性が高まる"、2の"甘味が強くなる"、4の"苦味、渋味がより快適な印象となる"のは、温度を上げたときに感じる味わい

A407　2　☞ P401

- Champagne Grande Cuvéeの供出温度として適温とされるのは、2の"8〜12℃"
- 1の"6〜8℃"はVin MousseuxとChampagne Ordinaireの、3の"12〜14℃"はVin Rouge Légerの、4の"14〜16℃"はVin Jauneの、供出温度として適温とされる

A408　1　☞ P401

- 1のVin Jauneの供出温度の適温は14〜16℃
- 2のPort (Vintage) は18〜20℃、3のBordeaux Rougeは18〜20℃、4のBourgogne Rougeは16〜18℃、が適温とされる

A409　2　☞ P401

- "現代醸造学の祖"といわれる醸造学者は2のエミール・ペイノー
- 1のアンドレア・バッチは、イタリアで16C末にワインの薬効を示す著作を出版した医師 (P129)
- 3のジョセフ・ルイ・ゲイリュサックは、アルコール醗酵の化学式を示したフランスの化学者 (P8)
- 4のヘルマン・ミュラーは、白ブドウ品種Müller-Thurgauを育種・開発した植物学者 (P230)

A410　4　☞ P401

- 4は"弱まる"を"強まる"にすると正しい。空気接触により樽香は強まる
- 1〜3は空気接触の効果として正しい

A411　3　☞ P402

- 3が誤り。スパークリングワインの場合もなるべく無音で抜栓するのが望ましい
- 1、2、4はすべて、ワインのサービス手順に関して正しい。4のリンスの目的は、カルキ臭除去とよごれ落としである

A 412　2 ☜ P402

・"甘味"と"苦味"を入れ替えると正しい。Apéritif（＝食前酒）に求められるのは"酸味や苦味を含んだもの"、"甘味がほどよく抑えられているもの"、"アルコール分が比較的軽いもの"である

A 413　4 ☜ P403

・Eaux-de-Vieに分類されるDigéstif（＝食後酒）は4のMarc（P424）
・1のPommeauはCidreベースのApéritif（＝食前酒）に分類される
・2のGrand Marnier（P430）と3のChartreuse（P429）は、ともにLiqueurに分類される食後酒

A 414　3 ☜ P404

・Champagneのボトルサイズ "Mathusalem" の容量は、3の6,000mL
・Champagneのボトルの名称は、1の3,000mLはJéroboam、2の4,500mLはRéhoboam、4の9,000mLはSalmanazarという

A 415　3 ☜ P404

・Fraisに該当する温度帯は3の12～16℃
・ワインの温度を表す用語として、1の4～6℃はFrappé、2の6～12℃はFroid、4の16～18℃はTempéré/Chambréという

44　日本酒・焼酎

A 416　3 ☜ P406

・3は24度を22度にすると正しい。日本酒のアルコール分はいずれも22度未満でなければならない
・1の酒税法には、"日本酒"という表記はなく、"清酒"に統一されている
・2の日本酒の定義の1つに、"清酒に清酒粕を加えて漉したもの" がある
・4のように、日本酒には、長期熟成酒（熟成古酒）もある

A 417　3 ☞ P406

・ひやおろしとは新酒を春先に火入れし、ひと夏熟成させたもので、2度目の火入れはせず、3の9 〜 11月頃に多くの蔵から出荷される

A 418　4 ☞ P406

・4のグルタミン酸、さらに、アラニン、アルギニン、グリシンなどの豊かなアミノ酸は日本酒にうまみやコクを与える重要な成分

A 419　1 ☞ P407

・1の清酒酵母は、サッカロマイセス属"サッカロマイセス・セレヴィシエ"の一種に分類される
・2は酵母を糖化酵素とすると正しい。米に含まれるデンプンは、糖化酵素によりブドウ糖に分解（＝糖化）される
・3は4 〜 8℃を6 〜 16℃にすると正しい。日本酒の醪の醗酵温度は6〜16℃
・4は農林水産省を日本醸造協会にすると正しい。日本醸造協会では、優良酵母として、数十種の"きょうかい酵母"を頒布している

A 420　1 ☞ P408、409

・"上槽"とは、醗酵を終えた醪を搾ること。伝統的な日本酒造りでは、酒袋に入れた醪を"槽"または"酒槽"と呼ばれる細長い箱に並べて搾るため、この言葉が使われてきた。高級酒には、醪を酒袋に入れてつるし、自然にしたたり落ちる部分を集める"袋つり"という方法なども行われている

A 421　3 ☞ P409

・3は山廃系酒母を速醸系酒母にすると正しい。"乳酸"をどう得るかで、酒母は大きく"生酛系酒母"と"速醸系酒母"に分けられる
・1の酒母づくりでは、糖分をアルコールと炭酸ガスに変換する役割を果たす酵母を大量に純粋培養する
・2の良い酒母は、酵母にだけ都合のよい酸性の環境を保つため乳酸を必要分含有している
・4の生酛系酒母づくりは、自然の乳酸菌が生成する乳酸によって雑菌の汚染を防ぐ酵母培養法

日本酒・焼酎

44

A422　3 ☞ P410

- 3の美山錦は、長野県農事試験場で "たかね錦" にガンマ線照射してできた突然変異種から選抜され、1978年に命名された酒造好適米。大粒で豊満、心白発現率が高い。耐冷性が高いため主に東日本に栽培が広がっている
- 酒米の生産量は1位山田錦→2位五百万石→3位美山錦 (2019年) で、この3品種のうち最も新しく命名されたのは美山錦、古いのは山田錦

A423　3 ☞ P410

- 3は "カルシウム、ナトリウム" を "鉄、マンガン" にすると正しい。醸造に有害な成分は鉄とマンガンで、この含有量が少ないことが酒造用水の条件
- 4のカリウム、リン、マグネシウムに加え、カルシウム、クロール (塩素) などの成分を適度に含む水がよい
- その他酒造用水の条件として、1の "無色透明で味やにおいに異常がないこと"、2の "pHは中性あるいは微アルカリ性" が挙げられる

A424　2 ☞ P411

- 日本酒の原酒のアルコール度数は20度前後と高いので、割水をして15〜16度前後になるようにする

A425　2 ☞ P411

- 純米大吟醸酒の精米歩合は2の50%以下で、大吟醸酒と同じ
- 3の精米歩合60%以下に定められているのは、吟醸酒と純米吟醸酒。なお、特別純米酒と特別本醸造酒は "60%以下または特別な製造方法 (要説明表示)" と定められている
- 4の精米歩合70%以下に定められているのは、本醸造酒

A426　2 ☞ P412

- "16Cの鹿児島" を "15Cの沖縄" に変えると正しい
- 単式蒸留焼酎は15Cの沖縄で初めて造られ、16Cには鹿児島、江戸期には長崎へと北上して伝わった

A427　4 ☞ P413

- 常圧蒸留では蒸留器内の圧力は外気と変わらず、85〜95℃で醪を沸騰させて蒸留する
- 減圧蒸留では蒸留器内の圧力を下げて、2の45〜55℃で醪を沸騰させて蒸留する

A428　3 ☞ P413

- 球磨焼酎の原料は、3の米（ジャポニカ種）100%
- 球磨焼酎以外の本格焼酎の原料として、壱岐焼酎は1の大麦と米麹、琉球泡盛はタイ米（インディカ種）を使用して作った2の黒麹、薩摩焼酎は4のサツマイモと芋麹または米麹、があげられる。また、奄美黒糖焼酎は黒糖と米麹を原料とする

A429　3 ☞ P413

- 泡盛の醪の中で大量に産出されるのは3のクエン酸
- 1の酒石酸はワインに最も多く含まれる、ブドウ由来の酸（P9）
- 2の乳酸と4のコハク酸はワインに含まれる、醗酵によって生成する酸（P9）。乳酸は日本酒の酒母（酛）に含まれる酸でもある（P409）

A430　4 ☞ P413

- 本格焼酎で地理的表示（G.I.）として定められているのは4の琉球のほか、壱岐、球磨、薩摩の4つ

45　酒類飲料概論

A431　2 ☞ P416

- ビールの主原料は2の二条大麦の麦芽、ホップ、水

A432　1 ☞ P418

- 1はアルトを**ボック**にすると正しい。**ボック**はドイツ・アインベック発祥で、下面醗酵
- 2の**トラピスト**は、ベルギー発祥で上面醗酵
- 3の**エール**は、イギリスで発展したビールで上面醗酵
- 4の**スタウト**は、イギリス発祥で上面醗酵

A433　4 ☞ P418

- 小麦のことをドイツ語で**バイツェン**といい、小麦麦芽を使ったビールを4の**バイツェン**と呼ぶ
- 4の**バイツェン**は、ドイツ・**バイエルン**地方で発展したビールで上面醗酵。**苦味**が少なく、アルコール度数は5.0〜5.5度

A434　1 ☞ P419、420

- 大麦麦芽のみを原料とし、単式蒸留器で通常2回蒸留し造られるのは1の Malt Whisky
- 2の Grain Whisky はトウモロコシなどを主原料とし、連続式蒸留器で蒸留。3の Blended Whisky は Malt Whisky と Grain Whisky をブレンドしたもの

A435　2 ☞ P419

- Malt Whisky と Grain Whisky を入れ替えると正しい
- Whisky の製造工程において、Grain Whisky は**ディスティラーズ**酵母のみを使い、Malt Whisky では**ディスティラーズ**酵母と**ブリュワーズ**酵母を使う

A436　3 ☞ P421

- 3の Eaux-de-Vie de Marc は**果実酒かす**を蒸留したもので、フランスでは Marc、イタリアでは Grappa という（P424）
- 1は酒精強化を**蒸留**にすると正しい。ブランデーとは "果実もしくは果実及び水を原料として醗酵させたアルコール含有物、または果実酒（**かす**を含む）を**蒸留**したもの" である
- 2はシードルを**ワイン**にすると正しい。Eaux-de-Vie de Vin とは、**ワイン**を蒸留したもの
- 4は梨を "**ブドウ、リンゴ**" にすると正しい。Eaux-de-Vie de Fruits は、**ブドウ、リンゴ**以外のフルーツ・ブランデーのこと

A 437　1 ☜ P422

- 栽培面積が最大で、粘土を含む石灰質土壌のCognacの生産地区は、1の Fins Bois
- 2のBois Ordinairesは栽培面積最小で砂質土壌、並質
- 3のGrande Champagneは最高品質のCognacで、石灰岩土壌
- 4のBorderiesは粘土質土壌

A 438　3 ☜ P423

- 3のArmagnacの産地は、Gers県、Landes県、Lot-et-Garonne県の3県の限られた地帯
- 1はArmagnac-TénarèzeをBas-Armagnacにすると正しい。砂質土壌で最高品質の生産地区は、Bas-Armagnacで、総面積の67%を占める
- 2は単式を連続式にすると正しい。伝統的な生産方法は、連続式蒸留器で1回蒸留
- 4は5年を10年にすると正しい。Vintage Armagnacとは、その年に収穫されたブドウのみで造られ、10年以上熟成させたものである

A 439　4 ☜ P423

- 4のBlanche Armagnacは、"蒸留後3ヶ月以上ステンレスタンクなど不活性の容器で熟成し、色を付けないArmagnac"のA.O.C.
- 1のBas-Armagnacは最高品質で、砂質土壌が特徴
- 3のHaut-Armagnacは良品質で、石灰質土壌が特徴

A 440　1 ☜ P424

- Calvadosは単式蒸留器でCidre、Poiréを留出時のアルコール度数72度以下で2回蒸留して造られ、Poiréは30%以内で混合できる
- 蒸留は収穫年の10月1日から収穫翌年の9月30日までで、販売時のアルコール度数は40度以上

A 441　3 ☜ P424

- Calvadosの原料となるリンゴ品種名ではないのは3のAciduléeで、これは"酸味の豊かな"リンゴのタイプを表す用語
- 1、2、4はすべてCalvadosの原料リンゴ品種名
- Calvadosは、1のSaint Martin、2のDuret、4のSaint AubinなどのリンゴおよびPoire Griseなどの梨から造られる

酒類飲料概論

45

A442　4 ☞ P424

- 紫色のプラムが原料であるのは、4のEaux-de-Vie de Quetsche
- 1のEaux-de-Vie de Ceriseはサクランボ、2のEaux-de-Vie de Framboiseは木イチゴ、3のEaux-de-Vie de Mirabelleは黄色のプラム、が原料

A443　3 ☞ P426

- "穀物を原料とし、蒸留したものにボタニカルを加え再度蒸留" して造られるジンは3のジュネバで、オランダ・ジン
- 1のシュタインヘーガーは、ジュニパーベリーを醗酵させ蒸留したものに、グレーンスピリッツ、ボタニカルを加え再度蒸留したもので、ドイツ産
- 2のドライ・ジンは、連続蒸留したグレーンスピリッツにボタニカルを加え再度蒸留したもので、ロンドン・ジン
- 4のズブロッカは、ウォッカのタイプの1つ

A444　2 ☞ P426

- ウォッカは穀類、イモ類などを原料としたスピリッツを、2の白樺炭で濾過したもの

A445　4 ☞ P427

- Tequilaの主原料は4のブルー・アガベ（竜舌蘭の一種）で、51%以上使用しなければならない
- ブルー・アガベの茎を蒸煮後、圧搾、得られた糖分を含む搾汁を醗酵させ、その後単式蒸留器で2回蒸留する
- ブルー・アガベ以外の竜舌蘭から造られたものや、その他地域（規定された産地以外）で製造されたものはMezcalという

A446　4 ☞ P428

- Crème de Cassisの糖分含有量は4の400g/L以上
- EUでは、アルコール15度以上のもので糖分含有量100g/L以上の酒をリキュールと定義している。糖分含有量が250g/L以上で "Crème de" という呼称を用いることができるが、Crème de Cassisのみ400g/L以上と定められている

A 447　2 ☞ P429

- Absintheは香草・薬草系Liqueurで、原材料は2のニガヨモギ
- ニガヨモギに含まれるツヨンという成分が健康を損ねるので、許容量が定められている
- 1のアニス種子はAnisés、3のジャンシアンの根はSuze、の原材料で、これらも香草・薬草系Liqueur
- 4のオレンジの果皮は、香草・薬草系LiqueurのCampariの他、果実系のWhite CuraçaoやOrange Curaçaoの原材料 (P430)

A 448　2 ☞ P431

- 白酒を黄酒にすると正しい。黄酒は、糯米を原料とした醸造酒で製造方法も様々である。老酒は黄酒を貯蔵・熟成させたもの
- 白酒は、伝統的にはモロコシの一種であるコウリャンを原料とした蒸留酒

A 449　2 ☞ P431

- 1815年にアメリカ南部で生まれたカクテルは2のミント・ジュレップで、赤ワインベース
- 1のグリュー・ヴァインと3のマルド・エールは、中世のホットドリンクの1つ
- 4のシンデレラは、ノン・アルコール・カクテルの1つ (P433)

A 450　3 ☞ P434

- 硬度とは、カルシウムイオンおよびマグネシウムイオンの量を、炭酸カルシウムの量 (mg/L) に換算したもの
- WHOでは、硬度20〜60のものを軟水、120〜180までのものを硬水、180以上のものを非常な硬水としている

酒類飲料概論

45

46 地図（図）問題

A451　2 ☞ P124、Map P7

- V.D.L.のPineau des Charentesを生産しているのは **2** のCognac地方
- 他のV.D.L.の産地には、**1** のJura地方（Macvin du Jura）、**3** のArmagnac地方（Floc de Gascogne）、**4** の大部分を占めるLanguedoc地方（Clairette du Languedoc、V.D.N.も生産するFrontignan）がある

A452　4 ☞ P40、Map P9

- Champagne地方には、17のGrand Cruがある
- **4** のLe Mesnil-sur-Ogerは、Champagne地方で最南に位置するGrand Cru
- **1** はVerzy、**2** はAÿ、**3** はCramant

A453　2 ☞ P51、Map P10

- **2** がPauillac
- **1** ～ **4** はすべてHaut-Médocに位置する
- **1** はSaint-Estèphe、**3** はListrac-Médoc、**4** はMargaux

A454　3 ☞ P53、Map P10

- **7** がSauternes
- **5** ～ **8** のエリアではGaronne河と、その支流のCiron河の影響により、貴腐ブドウが育つ
- **5** はCérons、**6** はBarsac、**8** はLoupiac

A455　3 ☞ P69、Map P13

- Chablis地区には7つ（加えて非公式畑が1つ）のGrand Cruがある
- **3** のLes Closは、面積最大のGrand Cru
- **1** はPreuses、**2** はGrenouilles（面積最小）、**4** はBlanchot（最東）

A456　3 ☞ P70、Map P15

- ・ **3**がChambertin
- ・Gevrey-Chambertin村には9つのGrand Cruがある
- ・**1**はChambertin-Clos de Bèze、**2**はChapelle-Chambertin、**4**はCharmes-Chambertin

A457　2 ☞ P74、Map P17

- ・**2**のBâtard-Montrachetは、**1**のMontrachetとともにPuligny-Montrachet村と、Chassagne-Montrachet村の両方にまたがるGrand Cru
- ・**1**の北側に位置するChevalier-Montrachetと**3**のBienvenues-Bâtard-MontrachetはPuligny-Montrachet村に、**4**のCriots-Bâtard-MontrachetはChassagne-Montrachet村に、位置する

A458　2 ☞ P75、76、Map P18

- ・Côte Chalonnaise地区において、**1**のBouzeronと**3**のMontagnyは白ワインのみ、**2**のRullyは赤・白ワイン、が生産可能なA.O.C.
- ・Mâconnais地区の村名A.O.C.は、すべて白ワインのみ生産可能。**4**はSaint-Véran

A459　1 ☞ P91、Map P21

- ・Centre Nivernaisは、Sauvignon Blancからの白ワインで有名な地区
- ・**1**のQuincyは白ワインのみ生産可能なA.O.C.
- ・**2**のMenetou-Salon、**3**のSancerre、**4**のCoteaux du Giennois、はすべて赤・ロゼ・白ワインが生産可能なA.O.C.

A460　4 ☞ P95、Map P22

- ・Syrah100%の赤ワインのみ生産可能なA.O.C.は、**4**のCornas
- ・Vallée du Rhône北部の黒ブドウの主要品種はSyrah (P94)
- ・**1**のCôte-Rôtieは赤ワイン (Syrah 80%以上＋Viognier) のみ、**2**のChâteau-Grilletは白ワイン (Viognier100%) のみ、**3**のHermitageは赤・白ワイン、が生産可能なA.O.C.

A461　1 ☞ P100、Map P24

- ・Alsaceのブドウ畑は、**1**のVosges山脈の東側丘陵に広がっている
- ・現在51のリュー・ディ（小地区）がAlsace Grand Cruに認められている（P101）

地図（図）問題

46

101

A462　2 ☞ P104、Map P25

・酵母によるアルコール醗酵のメカニズムの解明などで有名な、生化学者のLouis Pasteurのゆかりの地は**2**のArbois
・**1**はCôtes du Jura、**3**はL'Étoile、**4**はChâteau-Chalon、のA.O.C.のエリア（P105）

A463　4 ☞ P111、Map P26

・**4**のIrouléguy（赤・ロゼ・白）は、Gascogne/Pays Basque地区で最もスペイン国境に近いA.O.C.
・**1**はTursan（赤・ロゼ・白）、**2**はMadiran（赤のみ）、**3**はJurançon（白のみ）、ですべてGascogne/Pays Basque地区に位置するA.O.C.

A464　3 ☞ P115、Map P27

・**3**のBandolは、Mourvèdre主体の赤ワイン（木樽熟成18ヶ月以上）で有名なA.O.C.
・**1**はPalette（赤55%）、**2**はCassis（白67%）、**4**はBellet（最東）
・**1**～**4**の生産可能色は、すべて赤・ロゼ・白の3色

A465　1 ☞ P118、Map P28

・**1**のCarcassonneは、スペインからの交通の要所であり、欧州最大規模の堅固な城壁で有名な街
・**2**はNarbonne、**3**はMontpellier、**4**はNîmes

A466　2 ☞ P128、129、Map P30

・各州名は以下のとおり
1 Valle d'Aosta、**2** Piemonte、**3** Lombardia、**4** Trentino-Alto Adige、**5** Veneto、**6** Friuli-Venezia Giulia、**7** Emilia Romagna、**8** Liguria、**9** Toscana、**10** Umbria、**11** Lazio、**12** Campania、**13** Basilicata、**14** Calabria、**15** Marche、**16** Abruzzo、**17** Molise、**18** Puglia、**19** Sardegna、**20** Sicilia
・イタリアのワイン生産量上位4州（2020年）は、1位：**5**のVeneto→2位：**18**のPuglia→3位：**7**のEmilia Romagna→4位：**20**のSicilia

A467　2 ☞ P141、Map P30、33

・Sforzatoは**3**のLombardiaで生産される
・**5**のVenetoでSforzatoと同様に造られる、陰干しブドウからの辛口ワインのことをAmaroneという（P144）

A468　4 ☞ P135、Map P30

・Limoncello発祥の地は⓬のCampania
・❷のPiemonteのTorinoはVermut発祥の地、❺のVenetoのBassano del GrappaはGrappaで有名、❾のToscanaではVin Santoが多く生産されている（P134、149）

A469　(A) ❷ ☞ P139、Map P30、32

・Ghemmeは❷のPiemonteで造られる、赤ワインのみ生産可能なD.O.C.G.

(B) ❻ ☞ P146、Map P30

・RamandoloはそのFriuli-Venezia Giuliaで造られる、甘口の白ワインのみ生産可能なD.O.C.G.

(C) ❽ ☞ P148、Map P30

・Cinque Terreは❽のLiguriaで造られる、白ワインのみ生産可能なD.O.C.

(D) ⓳ ☞ P160、Map P30

・Vernaccia di Oristanoは⓳のSardegnaで造られる、白のスティル（辛口）と酒精強化（辛〜甘口）ワインのみ生産可能なD.O.C.

A470　4 ☞ P140、Map P32

・❹のNizzaは、2014年に認定されたPiemonteのD.O.C.G.で、Asti県に位置する
・他もすべてD.O.C.G.で、❶はGattinara（P139）、❷はGhemme（P139）、❸はDogliani
・❶〜❹はすべて赤ワインのみ生産可能なD.O.C.G.

A471　4 ☞ P139、Map P32

・❼のD.O.C.G.Barolo（P138）と❽のD.O.C.G.BarbarescoはCuneo県に位置し、Albaをはさんで向かい合っている
・❺はD.O.C.G.Roero、❻はD.O.C.G.Ruchè di Castagnole Monferrato
・❺は赤・白（白は発泡性もあり）ワインが生産可能、❻〜❽はすべて赤ワインのみ生産可能、なD.O.C.G.

地図（図）問題

46

A 472　1 ☞ P144、Map P34

・**1**はD.O.C.G.Bardolino Superioreで、Garda湖に隣接する

A 473　4 ☞ P144、Map P34

・**5**のD.O.C.G.LisonはVeneto、Friuli-Venezia Giuliaの両州にまたがる
・**2**はD.O.C.G.Amarone della Valpolicella／Recioto della Valpolicella、**3**はD.O.C.G.Bagnoli Friularo、**4**はD.O.C.G.Conegliano Valdobbiadene-Prosecco

A 474　1 ☞ P151、Map P35

・**1**のD.O.C.Bolgheriの生産可能色は、赤・ロゼ・白。同じエリアにある、赤のみ生産可能なD.O.C.Bolgheri Sassicaiaは、単一ワイナリーに与えられた唯一の呼称で、スーパータスカンの代表的存在
・**2**はD.O.C.G.Suvereto (P150)、**3**はD.O.C.G.Carmignano (P150)、**4**はD.O.C.Pomino

A 475　2 ☞ P131、150、Map P35

・**6**はD.O.C.G.Brunello di Montalcinoで、ここでのSangioveseのシノニムはBrunello
・**5**はD.O.C.G.Vernaccia di San Gimignanoで、Toscanaで唯一白ワインのみ生産可能なD.O.C.G.
・**7**はD.O.C.G.Vino Nobile di Montepulcianoで、ここでのSangioveseのシノニムはPrugnolo Gentile、**8**のD.O.C.G.Morellino di ScansanoでのシノニムはMorellino

A 476　1 ☞ P175、Map P36

・**1**のRibera del DueroはCastilla y León州に位置し、州内を流れるDuero／Douro河を挟んでブドウ畑が広がっている

A 477　4 ☞ P174、Map P36

・**5**のPenedèsはCataluña州に位置し、Cavaの主要産地である
・**2**はRías Baixasで、栽培ブドウの96%がAlbariñoで、フレッシュな白ワインを生産 (P173)
・**3**はLa Manchaで、単一の原産地呼称では世界最大の広さを誇る (P175)
・**4**はSherryの一大産地であるJerez-Xérès-SherryとManzanilla-Sanlúcar de Barrameda (P179)

A478　1 ☞ P187、Map P38

- **1**のVinho Verdeは "グリーンのワイン" の意味で、白ブドウ "Loureiro" などから、微発泡、フレッシュな白ワインが多く造られている
- **2**はBairrada (P188)、**3**はColares (P188)、**4**はCarcavelos (P188)

A479　2 ☞ P188、Map P38

- **6**のDãoの中心産地はViseuで、生産量の80%がTouriga Nacionalを主体とした赤ワイン
- **5**はPorto/Douro (P187)、**7**はSetúbal (P189)、**8**はMadeira (P189)

A480　4 ☞ P206、207、Map P39

- **1**のSachsenは、ドイツ最東でポーランドとの国境近くに位置し、Elbe河に沿って広がるワイン産地で、ワイン生産量は全13地域の中で最も少ない (2020年)

A481　3 ☞ P196、Map P39

- (A) は3の北緯50度で、ドイツはワイン生産国の中で英国に次いで北に位置し、ブドウ畑は樺太 (サハリン) と同じぐらいの緯度 (北緯47～52度) である

A482　2 ☞ P212、219、Map P40

- **2**のWien州では新酒Heurigeの他、数多くの品種を混植・混醸したワインGemischter Satzも有名
- **1**はNiederösterreich州で面積最大 (全生産地域面積の約61%、P217)、**3**はBurgenland州で2位 (P218)、**4**はSteiermark州 (P219)

A483　4 ☞ P222、Map P40

- **4**のハンガリーは、オーストリアの東に隣接し、世界三大貴腐ワインの1つであるトカイワインで有名
- **1**はスイス、**2**はオーストリア、**3**はスロヴァキア

A484　4 🕮 P230、Map P40

- **4**のTicino州は、Suisse Italienne（Merlotが栽培品種の80%を占める）に位置し、イタリアに国境を接するワイン産地
- **1**はVaud州（P228）、**2**はValais州（P228）、**3**はNeuchâtel州（P229）で、すべてSuisse Romandeに位置する

A485　3 🕮 P237、Map P40

- **3**のPodravje地域はアルプスの東端に接するハンガリー平原の地域で、スロヴェニア最大のワイン地区 "Štajerska Slovenija" が位置する
- **1**はPrimorska地域、**2**はPosavje地域

A486　I 🕮 P240、Map P40

- **4**のHrvatska Istraは、1000年以上にわたりワイン生産が盛んな地域で、中でも主要産地はIstra半島の北西部の丘

A487　3 🕮 P245、Map P41

- **7**のDealurile Moldoveiはルーマニア東部に位置する、ルーマニア最大のワイン産地
- **5**はCrişana şi Maramureş（P244）、**6**はDealurile Munteniei şi Olteniei（P244）。ルーマニアには8つワイン産地がある

A488　4 🕮 P246、Map P41

- ブルガリアはヨーロッパ南東部のバルカン半島に位置し、東部はⒹの黒海に接している。Ⓐはティレニア海（Map P30）、Ⓑはアドリア海（Map P30、40）、Ⓒはエーゲ海（Map P42）

A489　3 🕮 P253、Map P42

- **3**のPeloponneseに位置するNemea P.D.O.は、ギリシャで最大の、単一品種Agiorgitikoから造られる赤ワインのアペラシオン
- **1**はMacedonia（P251）、**2**はCentral Greece（P252）、**4**はIonian Islands（P252）

A490　2 ☞ P270、Map P45

- **2**のNapaはNorth Coastに位置し、**1**のSonomaの東側に隣接する
- **3**はSan Luis Obispo、**4**はSanta Barbaraで、これらはCentral Coastに位置する（P272）

A491　3 ☞ P274、Map P48

- **3**のLewis-Clark Valleyは、Washington州とIdaho州にまたがるA.V.A.
- **1**はColumbia Gorge、**2**はWalla Walla Valleyで、ともにWashington州とOregon州にまたがるA.V.A.
- **4**はSnake River Valleyで、Oregon州とIdaho州にまたがるA.V.A.

A492　3 ☞ P280、Map P49

- **3**のNiagara PeninsulaはOntario州に位置し、カナダ最大のブドウ栽培面積を誇る、州内ワイン生産量の60%以上を占める特定栽培地区。**4**は同じOntario州に位置するPrince Edward County
- **1**のSimilkameen Valleyと**2**のOkanagan ValleyはBritish Columbia州に位置し、**2**のOkanagan Valleyは州内で最大（州内ワイン生産量の85%以上を占める）の産地（P281）

A493　3 ☞ P287、Map P50

- **3**のSan Juan州はアルゼンチン第2のワイン産地で、Cuyoに位置する
- **1**のCatamarca州はNorteに位置する（P286）
- **2**のLa Rioja州はCuyoに位置する
- **4**のMendoza州はCuyoに位置し、ブドウ栽培面積の約70%を占めるアルゼンチン最大のワイン産地

A494　2 ☞ P293、Map P50

- **5**のD.O.Coquimbo、**6**のD.O.Aconcaguaは北部に位置する
- **7**のD.O.Central Valleyは中央部、**8**のD.O.Southは南部に位置する（P294）
- チリの東側にAndes山脈があり、アルゼンチンとの国境になっている（P290）

地図（図）問題

46

A495　1 ☞ P304、Map P52

- **1**のBarossa Valleyは、Shirazの首都と言える重要産地
- **2**のEden Valleyは、Clare ValleyとともにRieslingの重要産地
- **3**のAdelaide Hillsは、マウント・ロフティー山地の上に位置し、高級スティルワインや瓶内二次醗酵のスパークリングワインで有名 (P305)
- **4**のCoonawarraは、赤い粘土質と石灰岩質のコンビネーションであるテラロッサ土壌が特徴 (P305)

A496　2 ☞ P313、Map P53

- **2**のWairarapaにサブリージョンのMartinborough (G.I.) がある。Wairarapaは首都Wellingtonの北東に広がる産地
- **1**のGisborneはニュージーランド最東端のワイン産地で、北島に位置する (P312)
- **3**のMarlboroughはSauvignon Blancの栽培面積が8割を占める、ニュージーランド最大のワイン産地
- **4**のCentral Otagoは世界最南端のワイン産地のひとつで、高品質のPinot Noir (約8割を占める) が世界的評価を得ている

A497　2 ☞ P320

- **1**〜**4**はすべて、ワイン生産の9割を占めるWestern Cape州に位置する
- **2**のCoastal Regionは南アフリカのワイン産業の中心地であり、有名なDistrictのStellenbosch、Paarlなどが位置する (P318、319)
- **1**はOlifants River、**3**はBreede River Valley、**4**はCape South Coast

A 498

(A) **1** ☞ P333、Map P54

・**1**の伊那盆地（長野県）は、信州ワインバレー構想では、天竜川ワインバレーに区分されている

(B) **5** ☞ P331、Map P54

・**5**の置賜盆地（山形県）に位置する赤湯町、高畠町などは、ワイン産地として有名

(C) **9** ☞ P330、Map P54、55

・**9**の空知地方は、**8**の後志地方に次ぐ、道内第2のワイン産地である

・各ワイン産地名は以下のとおり

〈長野県〉**1**伊那盆地　**2**松本盆地　**3**長野盆地、上田盆地、佐久盆地
〈山梨県〉**4**甲府盆地
〈山形県〉**5**置賜盆地（南陽市など）　**6**山形盆地（上山市など）
　　　　　7庄内平野
〈北海道〉**8**後志地方（余市町）
　　　　　9空知地方（浦臼町、三笠市、岩見沢市）
　　　　　10上川地方（富良野盆地、上川盆地）　**11**十勝地方（十勝平野）

A 499

2 ☞ P333、Map P56

・Ⓑの日本アルプスワインバレーは、松本盆地に位置し、このエリアの東部は長野県でブドウ栽培がはじまった土地である。盆地の南端の塩尻市には、Ⓒの桔梗ヶ原ワインバレーがある
・Ⓐは千曲川ワインバレー、Ⓓは天竜川ワインバレー

A 500

4 ☞ P17

・**4**のゴブレは日本語で株仕立
・**1**は垣根仕立（ギヨ・ドゥーブル）、**2**は垣根仕立（コルドン・ロワイヤ）、**3**は棒仕立

各国データ一覧

	栽培面積	年間生産量	
France (2020)	約75万ha	約4,579万hL	
Champagne (2020)	約3.3万ha	約210万hL	
Bordeaux (2020)	約11万ha	約489万hL	
Bourgogne (2015～19平均、Beaujolaisを除く)	約3.0万ha	約145万hL	
Val de Loire (2020)	約5.8万ha	約315万hL	
Vallée du Rhône (2020)	約6.7万ha (A.O.C.のみ)	約271万hL (A.O.C.のみ)	
Alsace (2020)	約1.6万ha	約98万hL	
Jura (2020)／Savoie (2020)	約0.2万ha／約0.2万ha	約9.0万hL／約12万hL	
Sud-Ouest (2020)	約5.5万ha	約363万hL	
Provence (2020)／Corse (2020)	約4.0万ha／約0.6万ha	約199万hL／約38万hL	
Languedoc-Roussillon (2020)	約20万ha	約1,155万hL	
Italy (2020)	約65万ha	約4,991万hL	
Spain (2020)	約95万ha	約4,023万hL	
Portugal (2018)	約19万ha	約606万hL	
Germany (2020)	約10万ha	約841万hL	
Austria (2020)	約4.6万ha	約232万hL	
Hungary (2020)	約5.9万ha	約290万hL	
Switzerland (2020)	約1.5万ha	約83万hL	
Luxembourg (2020)	約0.1万ha	約9.7万hL	
Slovenia (2020)	約1.5万ha	約74万hL	
Croatia (2020)	約1.9万ha	約70万hL (2019)	
Romania (2018)	約17万ha	約509万hL	
Bulgaria (2020)	約6.4万ha	約89万hL	
Greece (2019)	約5.0万ha	約250万hL (2018)	
Moldova (2019)	約12.4万ha	―	
Georgia (2020)	約5.5万ha	約200万hL	
United Kingdom	約0.4万ha (2019)	約8万hL (2019)	
United States of America	約41万ha (2019)	約2,718万hL (2020)	
Canada (2019)	約1.3万ha	約59万hL (2017)	
Argentina	約21万ha (2020)	約1,300万hL (2019、O.I.V.)	
Chile (2019)	約14万ha	約1,190万hL (2019、O.I.V.)	
Uruguay (2020)	約0.6万ha	約69万hL	
Australia (2019)	約14.6万ha	約1,200万hL	
New Zealand (2019)	約4.0万ha (2021)	約297万hL (2019)	
South Africa (2020)	約9.2万ha	約898万hL	
Japan	約16,500ha (2020年)	約1.8万hL (日本ワイン、2019年)	

〈ブドウ品種の略称〉 Ca:Carignan CB:Chenin Blanc CF:Cabernet Franc Ch:Chardonnay CS:Cabernet Sauvignon
Ge:Gewürztraminer GM:Gamay Gr:Grenache Me:Merlot MS:Marsanne PB:Pinot Blanc PG:Pinot Gris PM:Pinot Meunier
PN:Pinot Noir Ri:Riesling RS:Roussanne SB:Sauvignon Blanc Sy:Syrah UB:Ugni Blanc VN:Viognier

白：赤・ロゼ	重要品種（白用）	重要品種（赤用）
	UB,Ch,SB	Me,Gr,Sy
	Ch	PN,PM
11.2：88.8	Sémillon,SB,Sauvignon Gris,Muscadelle	CS,CF,Me
（白：赤・ロゼ：泡） 60：29：11	Ch,Aligoté	PN,GM
53：47	Muscadet,CB,SB,Ch	CF,PN,GM,Grolleau
9：91	VN,MS,RS,Gr Blanc,Clairette	Sy,Gr,Mourvèdre,Cinsault
90：10	PB,Ri,PG,Sylvaner,Ge,Muscat	PN
78：22／71：29	Savagnin,Ch／Jacquère,Altesse,Chasselas	Poulsard,Trousseau,PN／Mondeuse
	Sémillon,SB,Muscadelle	CF,Malbec,Négrette,Tannat
4.5：95.5／16：84	UB,Clairette,Rolle／Vermentino	Sy,Gr／Sciacarello,Nielluccio,Barbarossa
20：80	Gr Blanc,Bourboulenc,Piquepoul	Gr,Sy,Mourvèdre,Ca
	Glera,PG,Catarratto Bianco Comune	Sangiovese,Montepulciano,Me
49：51	Airén,Macabeo,Verdejo,Pardina	Tempranillo,Garnacha Tinta,Bobal
33：67	Fernão Pires,Loureiro,Arinto	Tinta Roriz,Touriga Franca,Touriga Nacional
67：33（面積）	Ri,Müller-Thurgau,Grauburgunder	Spätburgunder,Dornfelder,Portugieser
69：31（面積）	Grüner Veltliner,Welschriesling,Ri	Zweigelt,Blaufränkisch,Blauer Portugieser
70：30（面積）	Bianca,Cserszegi Füszeres,Furmint	Kékfrankos,CS,Me,Zweigelt
53：47	Chasselas,Müller-Thurgau,Ch	PN,GM,Me
	Rivaner,PG,Auxerrois,PB,Ri	PN
68：32	Laski Rizling,Ch,SB	Refosk,Zanetovka,Me
66：34	Graševina,Malvazija,Ch	Plavac Mali,Me,CS
	Fetească Albă,Fetească Regală	Me,Băbească Neagră,Fetească Neagră
	Rkatsiteli,Muscat Ottonel,Red Misket	Me,CS,Pamid,Melnik,Mavrud
62：38（面積）	Savatiano,Roditis,Assyrtiko	Agiorgitiko,Liatiko,Xinonavro
65：35（面積）	Fetească Albă,Fetească Regală	Fetească Negră,Rară Negră
	Rkatsiteli,Tsolikouri	Saperavi, Otskhanuri Sapere
	Ch,Bacchus,Seyval Blanc	PN,PM
	Ch,French Colombard,SB,PG	CS,Zinfandel,PN,Me
	Ch,Ri,PG,Ge,Vidal	CS,CF,Me,PN
	Cereza,Pedro Gimenez,Torrontés	Malbec,Bonarda,CS
26：74（面積）	SB,Ch,País	CS,Me,Carmenère
13：87	UB,SB,Ch	Tannat,Moscatel Hamburgo,Me
45：55（2020）	Ch,SB,PG	Shiraz,CS,Me
85：15（2020）	SB,Ch,PG	PN,Me,Sy
55：45（面積）	CB,Colombard,SB	CS,Shiraz,Pinotage
	甲州	マスカット・ベーリーA

受験のプロに教わる

ソムリエ試験対策問題集
ワイン地図問題付き〈2022年度版〉

杉山明日香

東京生まれ　唐津育ち
理論物理学博士・ワイン研究家

ワインスクール「ASUKA L'école du Vin」を主宰するほか、ワイン、日本酒の輸出入業を行う。また、東京・西麻布でワインバー＆レストラン「Goblin」と、ワインバー＆ショップ「Cave de ASUKA」を、パリでレストラン「ENYAA Saké & Champagne」をプロデュースするなど、ワインや日本酒関連の仕事を精力的に行っている。著書に『受験のプロに教わる　ソムリエ試験対策講座』『受験のプロに教わる ソムリエ試験対策問題集』『ワインの授業 フランス編』『ワインの授業 イタリア編』『おいしいワインの選び方』『ワインがおいしいフレンチごはん』（飯島奈美との共著）『先生、ワインはじめたいです！』（監修、著・こいしゆうか）など。有名進学予備校で数学講師として長く教鞭をとっていることから、伝え、教える手腕は高い評価を得ている。
　なお、近況やASUKA L'école du Vinのレッスン情報などは、杉山明日香事務所のFacebookをご覧ください。

本書は杉山明日香 著『受験のプロに教わる ソムリエ試験対策問題集 ワイン地図問題付き〈2022年度版〉』（リトルモア）の別冊です。